数字时代

大国农业供给结构重塑

谢瑾岚　著

SHUZI SHIDAI

DAGUO NONGYE GONGJI

JIEGOU CHONGSU

U0330308

中山大学出版社

·广州·

图书在版编目（CIP）数据

数字时代大国农业供给结构重塑/谢瑾岚著 . —广州：中山大学出版社，2023. 11

ISBN 978 - 7 - 306 - 07937 - 4

Ⅰ . ①数…　Ⅱ . ①谢…　Ⅲ . ①数字技术—关系—农业改革—研究—中国　Ⅳ . ①F320. 2

中国国家版本馆 CIP 数据核字（2023）第 205715 号

出 版 人：**王天琪**
策划编辑：熊锡源
责任编辑：陈　芳
封面设计：曾　斌
责任校对：赵琳倩
责任技编：靳晓虹
出版发行：中山大学出版社
电　　话：编辑部 020 - 84110283，84113349，84111997，84110779，84110776
　　　　　发行部 020 - 84111998，84111981，84111160
地　　址：广州市新港西路 135 号
邮　　编：510275　　　　传　真：020 - 84036565
网　　址：http：//www. zsup. com. cn　　E-mail：zdcbs@ mail. sysu. edu. cn
印 刷 者：广州市友盛彩印有限公司
规　　格：787mm×1092mm　　1/16　　14 印张　　245 千字
版次印次：2023 年 11 月第 1 版　　2023 年 11 月第 1 次印刷
定　　价：45. 00 元

目　　录

第一章　绪论

作为全球人口大国，在新一轮科技革命、地缘政治动荡等百年大变局的多重复合宏观背景下，如何准确定位、正确把握农业发展的战略取向与路径选择，以有效破解人多地少的大国小农基本国情，实现农业可持续、高质量发展，是中国式现代化进程中的时代课题。本书立足数字时代背景，力图从数字科技与农业加速融合的视角对中国农业供给结构重塑问题进行系统研究。

第一节　选题背景与研究意义

一、选题背景

农为邦本，本固邦宁。进入 21 世纪，我国农业供给迈入匹配生存温饱型需求向匹配小康享受型需求大转型的新阶段，原有的供求平衡不断被打破，结构性失衡集中显现，农业供求结构失衡成为制约我国农业高质量发展的突出矛盾。2015 年 12 月，中央农村工作会议首次提出"加强农业供给侧结构性改革，提高农业供给体系质量和效率"[①]，2017 年中央一号文件更是明确指出我国农业发展"已进入新的历史阶段"，"农业的主要

[①] 《中央农村工作会议在京召开》，见新华网（http://www.xinhuanet.com/politics/2015 - 12/25/c_ 1117584302.htm），2015 年 12 月 25 日。

矛盾由总量不足转变为结构性矛盾"[1]，并从国家层面对农业供给侧结构性改革进行了顶层设计。自此，我国农业发展站上战略转型的历史新起点，推进农业供给侧结构性改革，提高农业发展质量、效益和国内外市场竞争力，成为我国农业发展与政策改革的主要方向和重要任务。

党的十九大以来，随着国家农业供给侧结构性改革的顶层设计和一系列配套改革举措的实施，农业供给对需求变化适应的先进性和灵活性得以不断增强，农业质量、效益和可持续发展能力不断提高。但是，目前我国农业供给侧品种结构、品质结构、空间结构失衡，以及"成本抬地板""价格破天花板""生态亮红灯"等问题还没有彻底解决。特别是当今世界正经历百年未有之大变局，受俄乌冲突、保护主义、单边主义等因素的影响，全球粮食安全形势严峻复杂，国际农产品市场价格高位震荡。在城乡居民食物消费升级、国际资源利用面临更多障碍的新形势下，充分发掘国内资源、立足国内市场保障粮食等主要农产品供给安全、端牢中国人的饭碗和满足人民对美好生活的向往，成为新阶段新发展格局下我国农业实现以国内大循环为主体战略目标的应对之策与关键举措。

与此同时，新一轮科技革命携带着产业变革的重大机遇滚滚而来，随着大数据、云计算、移动互联网、物联网、人工智能等新一代信息与通信技术的蓬勃兴起，数字科技成为不可阻挡的时代潮流，以前所未有的深度和广度重组产业体系，重构经济社会结构，日益成为创新驱动发展的先导力量和新经济发展的引擎。数字技术与传统农业的加速融合，以信息链、创新链提升农业产业链、供应链和价值链水平，为解决我国农业供给结构失衡问题提供了新的契机。由此，研究数字时代中国农业供给结构重塑问题，探求中国农业供给结构"数字化"优化升级的战略与路径，具有明显的政策含义和重要的现实价值。

二、研究意义

当前，我国农业发展正处于供给侧结构性改革的战略转型期和现代信息技术应用深入拓展的发展机遇期。本书力图在当代数字经济背景下，从

---

[1] 《中共中央　国务院关于深入推进农业供给侧结构性改革加快培育农业农村发展新动能的若干意见》，见新华网（http://www.xinhuanet.com/politics/2017–02/05/c_ 1120413568.htm），2017 年 2 月 5 日。

数字科技与农业加速融合的视角研究中国农业供给结构重塑问题。在理论层面，通过建立农业供给结构变动与演进的理论分析模型，揭示农业供给结构形成与演进的内在逻辑与外在诱因；从基础条件与作用维度、组织模式与动力机制、作用方式与响应过程等方面厘清数字技术驱动农业供给结构优化的作用机理，阐释以数字化来优化我国农业供给结构的可行性与基本原理，可以丰富农业供给结构调整优化相关理论和数字经济理论。在实践层面，通过审视我国农业供给结构的失衡特征，剖析其内在联系及问题实质，最终提出合宜的中国农业供给结构数字化重塑战略与路径，并提出相应的推进对策和政策建议，可以为新阶段新发展格局下我国农业供给侧结构性改革和推进农业高质量发展提供决策参考。

第二节　文献回顾与述评

一、国内外研究文献综述

自改革开放以来，伴随着我国农业从产量绝对不足的供给匮乏，到粮食供给过量的结构单一，直至今日农产品种类结构、品质结构和空间结构交织影响下的供给相对过剩，学术界对农业供给结构问题的研究从关注农业内部结构的调整优化扩展到农业产业链、供应链的协整，从关注土地、劳动、资本等传统要素驱动，扩展到技术、信息、数据等创新驱动和聚焦到农业供给侧结构性改革的探讨。但从已有文献来看，与本书研究主题直接相关的成果不多，与之相关的成果可归纳为以下三个方面。

（一）农业结构调整优化研究

在这一领域国内外学术界研究甚多，理论、方法相对成熟。总体上，研究主要遵循两条思路进行。

1. 第一条思路：农业产业结构调整

国外研究主要集中于农业产业结构调整内涵的探讨和农业产业结构调

整阶段论。以田岛俊雄（1997）[①] 等为代表的学者提出，调整农业产业结构不仅要调整优化农业品种结构，而且要调整土地、资本与劳动的占有和控制，以及农业政策、资源控制等要素结构；约翰·梅勒（John W. Mellor)[②]、速水佑次郎和弗农·拉坦[③]则分别提出了农业发展与结构调整三阶段论。其中，速水佑次郎和弗农·拉坦把发展中国家农业的发展过程分为增加生产提高粮食供给阶段、解决农村贫困提高农民收入阶段及调整和优化农业产业结构阶段。

国内研究方面，我国学者围绕农业发展实践，从农业产业结构调整优化的内涵、起因、对策、绩效评价等方面展开了多视角的研究（骆惠宁，1998[④]；魏学武，1999[⑤]；乔晶，2004[⑥]；李国祥，2005[⑦]；等等）。特别是一些学者从技术、制度等不同角度诠释了农业产业结构调整优化的驱动机理（林毅夫，2000[⑧]；卢良恕，2001[⑨]；曾福生和匡远配，2003[⑩]；朱希刚，2004[⑪]；等等）。

2. 第二条思路：农业产业链协整

20 世纪 50 年代以来，美国、日本与欧洲等发达国家和地区的学者，

---

① 〔日〕田岛俊雄：《中国、东亚和中国农业结构问题》，上海财经大学出版社 1997 年版，第 106 页。

② 〔美〕梅勒著：《农业发展经济学》，安希伋、李素英、肖辉等译，北京农业大学出版社 1990 年版。

③ 〔日〕速水佑次郎、〔美〕弗农·拉坦著：《农业发展的国际分析》，郭熙保、张进铭等译，中国社会科学出版社 2000 年版。

④ 骆惠宁：《关于安徽农业产业结构调整若干问题的思考》，载《江淮论坛》1998 年第 1 期，第 2－5 页。

⑤ 魏学武：《当前农业结构调整的几个问题》，载《中国农村经济》1999 年第 5 期，第 25－27 页。

⑥ 乔晶：《农业结构调整与市场支持体系》，载《农村经济》2004 年第 6 期，第 40－43 页。

⑦ 李国祥：《农业结构调整对农民增收的效应分析》，载《中国农村经济》2005 年第 5 期，第 12－20 页。

⑧ 林毅夫：《再论制度、技术与中国农业发展》，北京大学出版社 2000 年版，第 11－103 页。

⑨ 卢良恕：《面向 21 世纪的中国农业科技与现代农业建设》，载《农业经济问题》2001 年第 9 期，第 2－8 页。

⑩ 曾福生、匡远配：《技术进步促进农业结构变动的理论分析》，载《农业现代化研究》2003 年第 3 期，第 209－211 页。

⑪ 朱希刚：《依靠技术创新促进农业结构调整》，载《农业技术经济》2004 年第 1 期，第 3－10 页。

对农业产业链协整理论进行了深入探讨，研究集中于产业链管理。近年来，学者们的研究则逐渐转移到信息链管理、价值链分析等方面。其中，Wout J. Hofman（2000）[1] 认为在农业产业链的发展过程中，信息和交流技术具有十分重要的作用，能提高企业竞争力和市场占有率，因此农业信息链管理在农业产业链发展中具有重要地位；W. Schiebel（2000）[2] 提出最适合农业产业链上合作企业使用的方法是价值链分析，它可以显著增加市场份额，降低生产成本。

国内关于农业产业链协整理论的研究始于 20 世纪 90 年代，研究领域和成果包括农业产业链内涵（傅国华，1996[3]；王国才，2003[4]；等等）、农业产业链构建与延伸（王祥瑞，2002[5]；龚勤林，2004[6]；等等）、农业产业链整合理论与实证（张利庠、张喜才，2007[7]；朱毅华、王凯，2004[8]；等等）、农业产业链管理与产业链组织模式（王凯，2004[9]；张彦、姜昭，2011[10]；等等）。综合考量，国内研究领域广泛，研究成果众多，研究观点仁者见仁、智者见智。

---

[1] Wout J. Hofman, "Information and Communication Technology（ICT）for Food and Agribusiness," Chain Management in Agribusiness and the Food Industry. Proceedings of the Fourth International Conference, 2000.

[2] W. Schiebel, "The Value Chain Analysis of ECR Europe, Interpreting a System Innovation in Supple Chains," Chain Management in Agribusiness and the Food Industry. Proceedings of the Fourth International Conference, 2000.

[3] 傅国华：《运转农产品产业链，提高农业系统效益》，载《中国农垦经济》1996 年第 11 期，第 24 – 25 页。

[4] 王国才：《供应链管理与农业产业链关系初探》，载《科学学与科学技术管理》2003 年第 4 期，第 46 – 48 页。

[5] 王祥瑞：《产业链过窄过短是农业增效农民增收的最大障碍》，载《农业经济》2002 年第 9 期，第 28 – 29 页。

[6] 龚勤林：《论产业链构建与城乡统筹发展》，载《经济学家》2004 年第 3 期，第 121 – 123 页。

[7] 张利庠、张喜才：《我国现代农业产业链整合研究》，载《教学与研究》2007 年第 10 期，第 14 – 19 页。

[8] 朱毅华、王凯：《农业产业链整合实证研究——以南京市为例》，载《南京社会科学》2004 年第 7 期，第 85 – 89 页。

[9] 王凯：《加强我国农业产业链管理的战略思考》，载《科技与经济》2004 年第 1 期，第 52 – 55 页。

[10] 张彦、姜昭：《农业产业链组织形式影响因素理论探析》，载《商业经济研究》2011 年第 1 期，第 105 – 106 页。

（二）农业供给侧结构性问题研究

21 世纪以来，随着我国农业发展结构性矛盾日益凸显，特别是在 2015 年 12 月中央农村工作会议后，农业供给侧结构性问题成为我国学术界关注与研究的重点。从已有文献看，研究主要集中在三个方面。

1. 农业供给侧结构性失衡特征

张晓山（2017）[①]、孔祥智（2016）[②] 等众多学者普遍认为目前我国农业供给侧存在品种结构、品质结构、内外市场结构和空间布局失衡的问题；陈锡文（2017）[③]、倪洪兴（2019）[④] 等对我国农产品供给"三量齐增""植物缺油""动物少奶"等结构性失衡特征进行了讨论；万宝瑞（2016）[⑤]、张占仓（2017）[⑥]、黎新伍和徐书彬（2020）[⑦] 则将研究扩展到对"成本抬地板""价格破天花板""生态亮红灯""三本同升""三元均衡"等问题的认识与探讨。

2. 农业供给侧结构性失衡成因

张源媛（2019）[⑧] 等学者认为，供需信息反馈传输不畅或失灵，农业生产者就无法根据消费者信息及时安排生产与合理布局，"过剩"和"不

---

① 张晓山：《缩短农业供给侧改革阵痛期》，载《中国国情国力》2017 年第 4 期，第 9 - 11 页。

② 孔祥智：《农业供给侧结构性改革的基本内涵与政策建议》，载《改革》2016 年第 2 期，第 104 - 115 页。

③ 陈锡文：《论农业供给侧结构性改革》，载《中国农业大学学报（社会科学版）》2017 年第 2 期，第 5 - 13 页。

④ 倪洪兴：《开放视角下的我国农业供给侧结构性改革》，载《农业经济问题》2019 年第 2 期，第 9 - 15 页。

⑤ 万宝瑞：《中国农业发展面临战略抉择》，载《求是》2016 年第 24 期，第 43 - 45 页。

⑥ 张占仓：《中国农业供给侧结构性改革的若干战略思考》，载《中国农村经济》2017 年第 10 期，第 26 - 37 页。

⑦ 黎新伍、徐书彬：《中国农业供给结构失衡的测度及其空间特征研究》，载《广东财经大学学报》2020 年第 4 期，第 87 - 102 页。

⑧ 张源媛：《供给侧改革背景下农业信息化建设研究》，载《经济论坛》2019 年第 5 期，第 63 - 68 页。

足"等结构性失衡问题就会随之产生；詹卉（2016）[①]、张社梅和李冬梅（2017）[②] 等学者认为，政府宏观调控机制化建设滞后，农业供给侧慢变量无法匹配需求侧快变量，需求侧信息不能有效对供给侧要素配置起引导作用，资源配置扭曲导致农业供给侧结构性失衡；杨景元（2016）[③]、涂圣伟（2016）[④] 等学者认为，目前我国农业科研、生产、加工、流通等环节之间的耦合性差，产业链协同"梗阻"导致生产与消费的匹配性差，从而导致农业供给侧结构性失衡。

3. 农业供给侧结构性改革路径

对于我国农业供给侧结构性改革路径的选择，孔祥智（2016）[⑤]、姜长云（2018）[⑥] 等认为应深化调控体制、经营制度和要素制度等涉农重点领域与关键环节的改革；黄祖辉（2016）[⑦]、张晓山（2019）[⑧] 等认为应构建现代农业产业体系、生产体系和经营体系；陈锡文（2017）[⑨]、杨丽君（2017）[⑩] 认为应加速科技创新；黄季焜（2018）[⑪] 则认为应重点处理好政府与市场的关系。

[①] 詹卉：《议农业电子商务如何助推农业供给侧结构性改革》，载《种子科技》2016 年第 9 期，第 35、38 页。

[②] 张社梅、李冬梅：《农业供给侧结构性改革的内在逻辑及推进路径》，载《农业经济问题》2017 年第 8 期，第 59－65 页。

[③] 杨景元：《欧盟、美国农业补贴政策改革发展历程及对我国农业补贴政策的启示》，载《黑龙江粮食》2016 年第 1 期，第 5－8 页。

[④] 涂圣伟：《我国农业供给结构失衡的根源与改革着力点》，载《经济纵横》2016 年第 11 期，第 108－113 页。

[⑤] 孔祥智：《农业供给侧结构性改革的基本内涵与政策建议》，载《改革》2016 年第 2 期，第 104－115 页。

[⑥] 姜长云：《推进农业供给侧结构性改革的重点》，载《经济纵横》2018 年第 2 期，第 91－98 页。

[⑦] 黄祖辉：《重视农业供给侧的制度性改革》，载《农村经营管理》2016 年第 10 期，第 1 页。

[⑧] 张晓山：《推进农业现代化面临新形势新任务》，载《智慧中国》2019 年第 5 期，第 88－90 页。

[⑨] 陈锡文：《中国农业政策面临的挑战》，载《经济研究参考》2017 年第 12 期，第 25 页。

[⑩] 杨丽君：《基于我国省级面板数据的农业增长与农业供给侧改革》，载《江苏农业科学》2017 年第 19 期，第 108－111 页。

[⑪] 黄季焜：《农业供给侧结构性改革的关键问题：政府职能和市场作用》，载《中国农村经济》2018 年第 2 期，第 2－14 页。

（三）数字农业发展问题研究

数字农业是随现代信息技术变革和农业发展实践兴起的热点研究领域，与本书研究主题有关的既有成果主要有以下三个方面。

1. 数字农业的基本内涵

1997 年，美国科学院、工程院两院院士正式提出"数字农业"概念，它是指地学空间和信息技术支撑下的集约化和信息化的农业技术，并指出数字技术对提升农业经济效益意义重大。[①] 1998 年，美国副总统艾伯特·戈尔再次把数字农业定义为"数字地球与智能农机技术相结合产生的农业生产和管理技术"[②]，自此美国掀起了数字农业研究与实践的潮流。近几年，众多学者普遍认同数字农业是现代多种高技术成果集合应用于农业的一种新兴农业形态，如 Kamble、Gunasekaran 和 Gawankar（2020）[③] 等。

我国对数字农业的关注起始于 21 世纪初，早期通常把数字农业的定义与精准农业、智慧农业等概念等同，如卢钰和赵庚星（2003）[④]、赵春江等（2018）[⑤]。近年来，普遍将数字农业界定为现代信息技术与农业融合发展的一种农业经济新模式、新形态。例如：刘海启（2017）[⑥] 认为，数字农业是现代信息技术与现代农业深度融合的产物，既包括数字农业技术的产业化，也包括农业产业的数字化；李海艳（2022）[⑦] 认为，数字农业就是云计算、

[①] 缪小燕、高飞：《"数字地球"与"数字农业"》，载《农业图书情报学刊》2004 年第 2 期，第 30 – 33、37 页。

[②] 彭鹏、谢炳庚、侯伊林：《关于"数字农业"》，载《农业现代化研究》2000 年第 4 期，第 254 – 256 页。

[③] S. S. Kamble, A. Gunasekaran, S. A. Gawankar, "Achieving Sustainable Performance in a Data-Driven Agriculture Supply Chain: A Review for Research and Applications," *International Journal of Production Economics*, 2020, 219 (Jan), pp. 179 – 194.

[④] 卢钰、赵庚星：《"数字农业"及其中国的发展策略》，载《山东农业大学学报（自然科学版）》2003 年第 4 期，第 485 – 488、498 页。

[⑤] 赵春江、杨信廷、李斌等：《中国农业信息技术发展回顾及展望》，载《农学学报》2018 年第 1 期，第 172 – 178 页。

[⑥] 刘海启：《加快数字农业建设为农业农村现代化增添新动能》，载《中国农业资源与区划》2017 年第 12 期，第 1 – 6 页。

[⑦] 李海艳：《数字农业创新生态系统的形成机理与实施路径》，载《农业经济问题》2022 年第 5 期，第 49 – 59 页。

大数据、区块链、人工智能等现代信息与通信技术在农业领域的运用和渗透，包括农业要素、农业生产过程等的全面数字化；马述忠等（2022）[①] 认为，数字农业是以数据资源作为关键生产要素，通过大数据、物联网、云计算、区块链等信息与通信技术的有效使用实现农业生产、流通、消费等环节的数字化，进而推动传统农业转型升级的一系列新型经济活动。

2．数字农业的作用效应

国外文献多从大数据、物联网、人工智能、地理信息系统等现代信息与通信技术农业应用的角度对农业全产业链的价值链进行研究，包括农业生产领域的精准农业、智能农业，营销环节的电子商务，以及数字技术与农业管理、服务等环节渗透融合的信息链管理。如 J. Iaksch 等（2021）[②] 指出，基于大数据搭建而成的农业平台和应用系统创造了信息共享的全新商业运作模式，在帮助农户优化经营决策的过程中，提高了农户的营利能力。此外，数字经济能够引领农业产业链价值重构，进而优化农业产业链布局，加速农业与其他行业的融合。K. Schwab（2016）[③] 认为，数字农业利用丰富而详细的数字信息指导农业价值链上各主体决策，其应用并不局限于农业生产，而是涉及整个或部分价值链，包括生产过程、收获后处理、市场准入、融资和供应链管理等多个方面。而更多研究则聚焦生产层面的探讨，认为数据采集扩展平台技术、基于通信模块的物联网技术、人工智能系统自治技术、现代信息技术、生物技术和工程技术等是数字农业实现精准化生产的关键[④][⑤]，并能实现农业生产效益与粮食安全、生态保护等的兼顾[⑥][⑦]。

①　马述忠、贺歌、郭继文：《数字农业的福利效应——基于价值再创造与再分配视角的解构》，载《农业经济问题》2022 年第 5 期，第 10 - 26 页。

②　J. Iaksch, et al., "Digitalization and Big Data in Smart Farming—A Review," *Journal of Management Analytics*, 2021, 8 (2), pp. 333 - 349.

③　K. Schwab, *Die Vierte Industrielle Revolution*, Munich：Pantheon Verlag, 2016.

④　A. M. Houghton, B. E. A. Knight, "Precision Farming: Farmers and Commercial Opportunities Across Europe," Proceedings of British Crop Protection Council, 1996, pp. 1121 - 1126.

⑤　C. B. Silva, M. Moraes, J. P. Molin, "Adoption and Use of Precision Agriculture Technologies in the Sugarcane Industry of So Paulo State, Brazil," *Precision Agriculture*, 2011, 12 (1), pp. 67 - 81.

⑥　T. Simon, *Modern Agriculture*, Nashville：Tennessees Hall, 2009, pp. 35 - 36.

⑦　M. Paustian, L. Theuvsen, "Adoption of Precision Agriculture Technologies by German Crop Farmers," *Precision Agriculture*, 2017, 18 (5), pp. 701 - 716.

国内研究普遍认为数字农业作为新兴的农业经济形态，能够促进农业农村的发展。例如：马述忠等（2022）[①] 认为，数字农业通过生产环节、流通环节和销售环节的数字化实现了经济、生态和文化价值的再创造，并通过"农户—市场中介""市场中介—消费者""生产性服务商—农户"三个环节商流、资金流的重塑实现了价值再分配，促进了农户、消费者乃至整个社会福利水平的提升；肖艳等（2022）[②] 认为，数字农业能够推动农业在技术、信息、服务方式等层面分别朝着数字集成化、高度自动化和数据资源共享协作化的方向发展，进而能够实现农业高质量发展；谭秋成和张红（2022）[③] 认为，数字农业能大幅度减少劳动力使用，节约水资源，减少化肥、农药施用，提高农产品质量、标准化程度和产量，有利于农业生产经营方式和技术创新；夏显力等（2019）[④] 指出，利用数字技术精准管控农业生产全过程，将有助于缓解资源禀赋对农业发展的约束，进而提高农业综合生产能力；阮俊虎等（2020）[⑤]、程大为等（2022）[⑥] 认为，数字经济给传统农业生产模式、管理模式和商业运作模式带来了深度变革，带动了农业跨越式发展，提高了农业生产效率和经济效益；易加斌等（2021）[⑦] 认为，利用数字经济开辟农业新市场有助于推动农业产业链向上下游延伸，以产业链创新为核心，以产业集群为抓手，实现农业与其他传统行业和新兴行业的互融互通；罗浚文等（2020）[⑧] 则采用随机前沿

[①] 马述忠、贺歌、郭继文：《数字农业的福利效应——基于价值再创造与再分配视角的解构》，载《农业经济问题》2022 年第 5 期，第 10 – 26 页。

[②] 肖艳、徐雪娇、孙庆峰：《数字农业高质量发展评价指标体系构建及测度》，载《农村经济》2022 年第 11 期，第 19 – 26 页。

[③] 谭秋成、张红：《我国数字农业发展的可行性、存在的问题及相关建议》，载《经济研究参考》2022 年第 2 期，第 23 – 29 页。

[④] 夏显力、陈哲、张慧利等：《农业高质量发展：数字赋能与实现路径》，载《中国农村经济》2019 年第 12 期，第 2 – 15 页。

[⑤] 阮俊虎、刘天军、冯晓春等：《数字农业运营管理：关键问题、理论方法与示范工程》，载《管理世界》2020 年第 8 期，第 222 – 233 页。

[⑥] 程大为、樊倩、周旭海：《数字经济与农业深度融合的格局构想及现实路径》，载《兰州学刊》2022 年第 12 期，第 131 – 143 页。

[⑦] 易加斌、李霄、杨小平等：《创新生态系统理论视角下的农业数字化转型：驱动因素、战略框架与实施路径》，载《农业经济问题》2021 年第 7 期，第 101 – 116 页。

[⑧] 罗浚文、李荣福、卢波：《数字经济、农业数字要素与赋能价值——基于 GAPP 和 SFA 的实证分析》，载《农村经济》2020 年第 6 期，第 16 – 23 页。

分析方法，测算农业数字化改造的效益变化，发现农业数字要素对于增加农业经济效益具有显著的正效应。

3. 数字农业的发展路径

夏显力等（2019）[①] 认为，我国数字农业发展应选择"顶层设计—试点探索—全面推广"的基本路径，遵循分类指导、重点突破、试点推进、统筹兼顾的基本原则；李海艳（2022）[②] 认为应构建数字农业创新生态系统；钟文晶等（2021）[③] 认为应大力推进农村基础设施建设，提高农业组织化程度，激励"卡脖子"技术的创新研发，推进全产业链数字生态的构建；易加斌等（2021）[④] 则认为数字农业的发展应从宏观层面的制度支持、中观层面的价值驱动、微观层面的农业经营主体发展推动和消费者的需求拉动四个方面着手；付豪等（2019）[⑤] 提出要加强对区块链、物联网等数字技术的深入研发与农业应用；阮俊虎等（2020）[⑥] 认为应利用数字农业运营方法，逐步形成数字农业创新商业模式；汪旭晖等（2020）[⑦] 认为应积极推进农业产业融合，构建全产业链的数字农业经营模式；金建东和徐旭初（2022）[⑧] 认为应注重提升小农参与数字农业的能力和空间；李海艳（2022）[⑨] 认为应打造数字农业创新生态"命运共同体"，优化数字农业多层次创新生态链。

---

① 夏显力、陈哲、张慧利等：《农业高质量发展：数字赋能与实现路径》，载《中国农村经济》2019 年第 12 期，第 2 - 15 页。

② 李海艳：《数字农业创新生态系统的形成机理与实施路径》，载《农业经济问题》2022 年第 5 期，第 49 - 59 页。

③ 钟文晶、罗必良、谢琳：《数字农业发展的国际经验及其启示》，载《改革》2021 年第 5 期，第 64 - 75 页。

④ 易加斌、李霄、杨小平等：《创新生态系统理论视角下的农业数字化转型：驱动因素、战略框架与实施路径》，载《农业经济问题》2021 年第 7 期，第 101 - 116 页。

⑤ 付豪、赵翠萍、程传兴：《区块链嵌入、约束打破与农业产业链治理》，载《农业经济问题》2019 年第 12 期，第 108 - 117 页。

⑥ 阮俊虎、刘天军、冯晓春等：《数字农业运营管理：关键问题、理论方法与示范工程》，载《管理世界》2020 年第 8 期，第 222 - 233 页。

⑦ 汪旭晖、赵博、王新：《数字农业模式创新研究——基于网易味央猪的案例》，载《农业经济问题》2020 年第 8 期，第 115 - 130 页。

⑧ 金建东、徐旭初：《数字农业的实践逻辑、现实挑战与推进策略》，载《农业现代化研究》2022 年第 1 期，第 1 - 10 页。

⑨ 李海艳：《数字农业创新生态系统的形成机理与实施路径》，载《农业经济问题》2022 年第 5 期，第 49 - 59 页。

二、国内外研究文献评析

国内外相关研究取得的成果为本书研究奠定了理论基础，提供了基础判断与重要思路。但从已有文献看，针对本书拟开展研究的农业供给结构变动与演进理论模型、中国农业供给结构失衡特征与成因、数字技术驱动农业供给结构优化的作用机理、中国农业供给结构失衡的数字化重塑战略与路径及推进对策等重点问题，上述相关研究仍有待拓展与深化。

其一，已有研究对农业结构调整优化的内涵、目标、动因、驱动机理等的探讨日趋深入，但从供给侧入手，以供给适配需求的动态平衡为主要目标而进行的中国农业供给结构优化问题研究才刚兴起，相关理论有待建立与完善。

其二，较多研究关注到了目前我国农业供给结构失衡的各种表象，但在问题产生的内在根源、应对策略等方面仍有明显的理论拓展空间，有待进一步全面、深入、系统地分析与研究。

其三，在新一轮科技变革的背景下，学者普遍认识到数字科技为农业供给侧结构性改革提供了新的契机，而鲜见数字技术赋能农业供给结构优化的作用机理分析与实证检验等方面的研究。特别是在新阶段、新发展格局下，如何从引致我国农业供给结构失衡的关键因素入手，擘画与构建起我国农业供给结构数字化重塑的战略和路径至关重要，实践迫切需要理论的指导。

第三节　技术路线与研究方法

一、研究思路

本书围绕解答农业供给结构演进的内在逻辑与外在诱因是什么、中国农业供给结构失衡的突出特征与成因有哪些、数字化为何是解决我国农业供给结构失衡问题的有效工具、数字时代中国农业供给结构重塑的战略与路径如何抉择及如何推进等问题，按照"建立理论分析框架—剖析问题与成因—分析作用机理与效应—提出重塑战略与路径—构建支撑体系"的技术路线循序渐进、相互衔接、逐项展开研究，最终形成数字时代大国农业供给结构重塑的理论框架和实践路径。

本书的逻辑脉络和基本思路如图1-1所示。

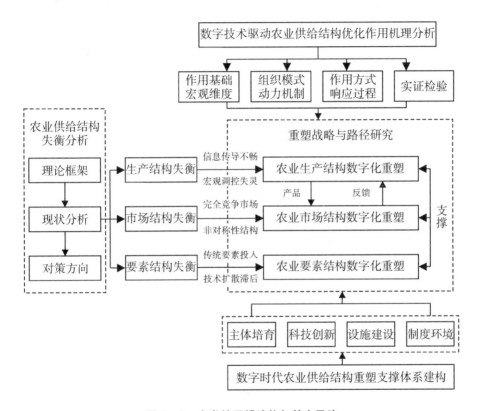

图1-1 本书的逻辑脉络与基本思路

二、研究方法

本书综合运用复杂系统分析法、结构分析法、比较分析法、软系统分析法、统计描述法、调查研究法、数理模型法等方法，以增强研究结论的可靠性和现实指导性。具体方法见表1-1。

表1-1 本书主要的研究方法

序号	研究内容	研究方法
1	农业供给结构变动与演进的理论探究	复杂系统分析法、结构分析法、软系统分析法
2	中国农业供给结构形成与演进的历史回溯	统计描述法、比较分析法
3	中国农业供给结构失衡的突出特征与主要成因	统计描述法、问卷调查法
4	中国农业全要素生产率增长率测算	Hicks-Moorsteen 生产率指数测算方法
5	数字技术驱动农业供给结构优化的组织模式、动力机制、作用方式与响应过程分析	技术—经济范式分析法、生态系统理论分析法、价值链分析法
6	数字技术驱动农业供给结构优化的实证检验	熵值法、固定效应面板 Tobit 实证模型分析法
7	数字时代中国农业生产结构重塑的模式选择与实践路径	实地调研法、案例研究法
8	数字时代中国农业市场结构重塑的战略抉择与实施方案	访谈调研法、案例研究法
9	数字时代中国农业要素结构重塑的场景擘画与现实进路	座谈调研法、案例研究法
10	数字时代中国农业供给结构重塑的支撑体系建构	专家咨询法、头脑风暴法

第四节 总体框架与主要创新点

一、总体框架

本书以供给侧结构性改革背景下的"中国农业供给结构"为研究对象，核心关键词是"数字技术"，最终目的是"优化重塑"。全书共八章，按照绪论篇（第一章）、核心篇（第二至第七章）、结论篇（第八章）展开。

第一章，绪论。主要阐述本书的选题背景与研究意义，提出本书的研究思路、方法选择与框架结构，同时对农业结构调整优化、农业供给侧结构性改革、数字农业等国内外相关研究动态进行文献回顾与简要评述，并归纳与阐述本书可能的创新点。这些内容构成本书研究的背景与基点。

第二章，中国农业供给结构失衡的再审视。基于供给经济理论、农业经济理论、复杂系统理论、演化经济理论等，在对农业供给结构概念和内涵进行理论探求的基础上，建立起农业供给结构变动与演进的理论分析模型；采用统计描述法、比较分析法、问卷调查法等研究方法，对中华人民共和国成立以来中国农业供给结构的历史演进进行回溯，对当前中国农业供给结构的失衡特征进行审视；从影响农业供给结构变动与演进的内外因素等方面，厘清当前我国农业供给结构失衡的实质与根源，进而提出失衡的调整优化方向。这些内容既是对农业供给结构内涵特征、演进规律的理论探讨和对中国农业供给结构失衡问题的深入、系统研究，也是本书的理论分析框架与立论依据。

第三章，数字技术驱动农业供给结构优化的机理分析与实证检验。将数字技术的信息优势、技术优势和网络优势与农业供给结构演进的内在运行规律相结合，揭示数字技术驱动农业供给结构优化的基础条件、作用维度、组织模式、动力机制、作用方式与响应过程等内在机理，并尝试建立固定效应面板 Tobit 模型，实证检验"数字技术"因子对"农业供给结构优化"变量的作用效应。这些内容既是对数字技术驱动农业供给结构优化的理论分析与实证检验，也为数字时代中国农业供给结构优化重塑提供了理论支撑与科学依据。

第四章，数字时代中国农业生产结构重塑的模式选择与实践路径。围绕破解农业生产结构演进的滞后性和稳态性，研究依托物联网、大数据、云计算、人工智能和"3S"技术①等现代信息与通信技术，通过农业生产领域的数字化、智慧化、生态化改造来重塑农业生产结构，从而使供给更好地响应与匹配需求预期。主要包括"数字技术赋能农业生产结构优化的运行逻辑"探讨，"大数据、云计算实现农业生产科学决策与优化布局""精准农业、智慧农业实现农业生产绿色化与品牌化"的农业生产结构数字化重塑模式与路径研究，并结合湖南省益阳市赫山区菱角岔村的实践进行典型案例研究。

第五章，数字时代中国农业市场结构重塑的战略抉择与实施方案。围绕破解低市场集中度、非对称性的农业市场结构引致的完全竞争和供应链梗阻问题，研究依托数字技术平台化、网络化与开放共享、催化激励等特征与功能，通过农产品生产端到消费端全程的"网化"和"电化"解构再造农业供应链，从而优化传统农业市场结构，最终实现农业供给总量、质量与效率的有效提升。主要包括"数字技术赋能农业市场结构变革的运行逻辑"探讨，"电子商务实现'小农户'与'大市场'有机对接""平台战略实现农业供应链协同高效"的农业市场结构数字化重塑战略与实施方案研究，同时结合"乡约菜菜"的调研对实践中涌现的成功典型进行个案分析。

第六章，数字时代中国农业要素结构重塑的场景擘画与现实进路。围绕破解以传统要素为主、技术扩散滞后的农业投入结构引致的要素错配低效问题，研究依托数字技术信息传递"跨界、无损、前瞻"与技术扩散溢出性等特性与功能，推进农业土地、资本、劳动等要素配置手段创新和制度变革，通过现代要素对传统要素的替代、全面激活和有效配置农业资源要素来优化升级农业要素投入结构，进而实现农产品总量与质量的同步提升、供给与需求的动态平衡。主要包括"数字技术赋能农业要素结构

---

① "3S"技术是遥感技术（Remote Sensing，简称 RS）、地理信息系统（Geography Information Systems，简称 GIS）和全球定位系统（Global Positioning Systems，简称 GPS）三项技术的集成。

升级的运行逻辑"探讨,"'土地网''耕地云'合理配置与高效利用农地资源""'互联网＋培训'培育与提升现代农业经营体系""数字金融、区块链化解农业融资难与征信难"的农业要素结构数字化重塑擘画与进路研究,并结合江西农商银行的调研进行案例研究。

第七章,数字时代中国农业供给结构重塑的支撑体系建构。从主体培育、设施建设、科技创新、制度环境等方面,建构数字时代中国农业供给结构重塑的支撑体系,为数字技术赋能中国农业供给结构优化提供基础支撑与制度保障。这些内容既是数字技术赋能中国农业供给结构优化的支撑体系建设,也构成数字时代中国农业供给结构重塑的政策设计与制度创新要素。

第八章,结论与讨论。对本书研究得出的主要结论进行梳理和概括,并从理论、方法和内容等方面提出进一步研究的可能方向。

二、主要创新点

本书具有以下四个方面的特色或可能的创新。

(一) 研究视角的新选择

将供给侧结构性改革背景下的"大国农业供给结构"置于数字时代的背景,从数字科技与农业加速融合的视角,探求中国农业供给结构失衡的优化重塑战略与路径,并提出推进对策,应是一种研究视角上的创新。

(二) 理论框架的新构建

基于复杂系统理论、演化经济理论等,构建起包括农业生产结构、市场结构、要素结构三个子系统,以及由需求、技术、制度构成的环境系统在内的农业供给结构变动与演进的理论分析模型。采取多系统、多结构的分析方法,演示农业供给结构这一多组合、多层次的关联性复合系统形成与演进的内在逻辑和外在诱因,为农业供给结构问题研究提供了新的分析思路与理论框架。

(三) 研究内容的新探索

将数字科技的信息优势、网络优势和技术优势与农业经济的内在运行规律相结合，厘清数字技术对农业供给结构优化起作用的基础条件、作用维度、组织模式、动力机制、作用方式与响应过程等理论机理，建立起双向固定效应面板 Tobit 模型，实证检验"数字技术"因子对"农业供给结构优化"变量的作用效应。从引起我国农业供给结构失衡的根源入手，系统探究我国农业生产结构、市场结构、要素结构三大系统的数字化重塑战略与路径及其推进对策与政策建议等，在研究内容方面有新的探索。

（四）研究方法的新尝试

基于供给经济学、信息经济学、农业经济学以及演化经济理论、产业结构与产业组织理论、复杂系统理论、生态系统理论等多学科融合的理论基础，综合运用复杂系统分析法、结构分析法、比较分析法、统计描述法、调查研究法、数理模型法等方法，特别是运用技术—经济范式理论、生态系统理论、价值链分析法等追寻数字技术驱动农业供给结构优化的作用机理，并采用固定效应面板 Tobit 模型实证检验其作用效应，同时以实地调研与案例研究来探寻和佐证我国农业供给结构的数字化重塑战略与路径，增强研究结论的可靠性和现实指导意义。

第二章　中国农业供给结构失衡的再审视

本章对农业供给结构的内涵与特征、演进规律与影响因子等进行探讨，建立起农业供给结构变动与演进的理论分析模型；依据农产品供求关系特征，对新中国成立以来中国农业供给结构的历史演进进行回溯、对当前中国农业供给结构的失衡特征进行审视；从影响农业供给结构变动与演进的内外因素方面，厘清当前中国农业供给结构失衡的实质与根源，进而提出调整优化方向。

第一节　农业供给结构变动与演进的理论探究

供求关系是经济学的基石。自经济学诞生以来，供给与需求就一直是其研究中的基本命题之一，无论是萨伊的供给决定论还是凯恩斯的需求论，都是在强调供给与需求关系变化中一方之于经济增长的关键性作用。[1] 新的历史阶段，我国"农业的主要矛盾由总量不足转变为结构性矛盾、矛盾的主要方面在供给侧"[2]。由此，适时从供给侧发力，调整优化农业供给结构，增强我国农业供给适配市场需求的灵活性和适应性，是实现农业发展从量到质全面提升和农业经济趋向长期均衡增长的有效路径。

---

[1]　曾蓓、崔焕金：《农业供给侧结构性改革的阶段性特征与启示：1978—2015》，载《云南财经大学学报》2018 年第 7 期，第 14 – 22 页。

[2]　中共中央党史和文献研究院编：《习近平关于"三农"工作论述摘编》，中央文献出版社 2019 年版，第 101 页。

一、农业供给结构的内涵与系统构成

（一）农业供给结构的内涵

人类的生存和发展离不开丰富多样的物质财富和精神财富，"供给"最原始的含义就是财富的生产。在经济学理论中，供给是指生产者在一定时期内，在某一价格水平上愿意并且能够提供的一定数量的商品或劳务。[①] 由此推及农业，农业供给就是农业生产经营者在一定时期内，在某一价格水平上愿意并且能够提供的一定数量的农业产品或服务。"结构"是指系统内各个组成部分的搭配、排序及相互关系。由此，农业供给结构是指一定时期内，生产者愿意并且能够提供的农业产品（初级产品、加工产品、服务产品）的数量组合比例与相互关系。

（二）农业供给结构的系统构成

从社会再生产过程的角度来看，供给包括生产环节与流通环节，而分配与消费通常被归为需求环节。农业供给是农业供给主体利用水、生物、土地等自然资源和劳动、资本、技术、制度等潜在生产力，生产并形成农业产品，然后通过市场交易实现供给与需求的转换。由此，农业供给结构是一个多元素、多组合和多层次的关联性复合系统，这一系统可分解为相互联系、相互作用的农业生产结构、农业市场结构和农业要素结构三个子系统，如图2-1所示。

1. 农业生产结构

农业生产结构是指农业产出各生产门类所占比重及其相互关系的总和。随着社会生产力的发展，现代农业作为一个完整的产业，早已不再是单纯的农林牧渔业生产，而是农村地区第一、二、三产业相互融合，农产品生产、加工、流通、服务等环节紧密相连形成的产业体系。因此，狭义的农业生产结构特指农林牧渔业生产门类所占比重及其相互关系，广义的农业生产结构不仅包含农林牧渔业初级产品生产门类所占比重及其相互关

---

① 谈俊：《我国供给侧结构性改革的背景和意义》，载《经济研究参考》2017年第26期，第10-17页。

系，也包含农林牧渔业加工产品和服务产品（如休闲农业、乡村旅游以及农业科技、信息、农资等产前服务和储运、销售、信贷、保险等产后服务）的生产门类所占比重及其相互关系。

2. 农业市场结构

一般而言，市场结构主要指流通领域内经营、交易、管理、服务等流通主体以及流通渠道等的构成比例与内在联系。在产业组织理论中，产业的市场结构是指企业市场关系（交易关系、竞争关系、合作关系）的特征和形式。因此，农业市场结构主要指农业产业链上各生产经营主体的市场关系特征与形式，是农业流通领域内农产品经营、交易、管理和服务等组织系统和结构形式的总和。依据"结构—行为—绩效"（Structure-Conduct-Performance，SCP）范式，市场结构决定市场行为和市场绩效，表征和决定市场关系特征的指标主要有市场集中度、产品差别化程度、进出壁垒等。

3. 农业要素结构

生产要素是构成生产力的最基本单元，要素结构是指参与形成生产力实体诸要素量和质的构成与组合状况。一般而言，农业要素结构主要指自然资源禀赋（如水、光、生物等）、土地、劳动、资本等诸要素量和质的构成与组合状况。在迈克尔·波特看来，技术与劳动、土地等要素结合可以衍生出高级要素，从而优化结构化效能。道格拉斯·诺斯的制度变迁理论则将制度（如产权制度、意识形态、伦理道德等）作为经济演进与发展的内生性变量，认为制度对经济社会变迁起着首要的作用。由此，广义的农业要素还包括信息、技术、制度因素等。

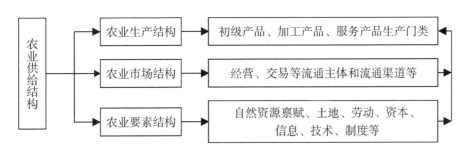

图2-1　农业供给结构的系统结构与组成要素

二、农业供给结构的主要特征

农业供给结构的内涵和系统构成决定了农业供给结构具有以下四个主要特征。

（一）多层次性

农业供给结构是一个多元素、多层次组合的复合体，同一层次的单个元素通过一定联系结合形成一个子系统，多个子系统关联有机组成了农业供给结构这一复杂系统。以农业生产结构为例，狭义的农业生产结构可以分为三级：一级结构一般指农林牧渔业的生产部门结构；二级结构是指一级结构内从属于各部门的生产项目结构，如种植业分为粮食作物种植业、经济作物种植业和其他作物种植业等；三级结构是对二级结构内部的进一步划分，如粮食作物种植业可分为水稻、小麦、玉米、大豆、薯类、高粱及其他杂粮种植等。

（二）关联性

"结构"这一定义本身即具有关联的理论内涵。同时，农业供给结构不是各系统的简单相加，而是由农业生产结构、市场结构和要素结构各子系统组成的有机整体。因此，农业供给结构的关联性既表现在农业供给结构子系统内各要素之间相互联系、相互作用的关系，也表现为各子系统之间相互联系、相互制约的关系。只有把构成农业供给结构的各要素、各系统联系起来，从量和质、联系与制约等方面去全面分析和综合考察，才能把握农业供给结构的整体特性。

（三）动态性

农业供给结构作为一定时空维度下存在的经济系统，不是孤立、静止和一成不变的，而是开放、运动和不断发展变化的。它一方面与系统环境从不间断地进行信息、能量、物质等交互；另一方面，其自身的结构和功能也在不断演化，处于动态变迁中，现在的结构和功能是过去长时间发展演进的结果，同时又是向未来结构与功能演化的基础前提。

（四）差异性

农业供给结构总是与特定的自然条件和消费需求相联系，一定区域内自然条件的差异性和消费者对农产品需求的差异性，决定了农业供给结构具有明显的差异性。农业供给结构的差异性，决定了不同区域、不同经营主体的农业供给千差万别，也决定了农业供给模式要因地制宜，不能简单照搬模仿套用。

三、农业供给结构的演进规律与影响因素

如前所述，系统是相互联系、相互作用的诸多要素的综合体，而结构则是指各个组成部分的搭配、排序及相互关系。可以看出，系统定义中的"要素"与结构定义中的"部分"具有相同的理论内涵。由此，可以将系统理解为各要素或各组成部分通过某种结构（关系）形成的整体。显然，不同的要素组成或不同的要素结构所构成的系统会表现出不同的特征。而在系统演化过程中，同一系统内的不同要素所组成的子系统之间的相互影响会改变系统的演化路径。与此同时，任何系统都不是孤立的，其演化路径不仅受其本身内部结构及其相互关系的影响，而且受外部系统及其结构变化的作用。因此，当我们考察某一系统的现实特征及其历史演化过程时，需要从系统关联的角度，采取多系统、多结构的分析方法。

作为国民经济复杂系统中的一个子系统，农业供给结构就是一个多元素、多组合和多层次的关联性复合系统，其本身既具有系统的复杂性、动态演化性和自组织特征，又具有开放性，与其他外部系统通过某些规则进行交互影响与作用。农业供给结构的形成与演化既是农业自身内部系统的演进结果，又与外部作用紧密关联。

（一）农业供给结构变动与演进的内在逻辑

从农业供给结构变化与演进的内在逻辑来看，随着农业分工的细化和产业链的延伸，农业供求的相对性和供求主体角色频繁转换。比如，农业生产经营者对农业要素的供给而言是需求方，但对农产品消费者而言却是供给方，农业供给结构就是在这种供求的相对性和主体角色的不断转换中形成、演进与发展的。源于农业分工的不断细化与拓展，农业主体间的技

术关联、市场关联不断得到加强，进而使农业供给结构趋于复杂化和高级化。

与此同时，在农业供给结构的演化过程中，同一系统内的生产结构、市场结构和要素结构各子系统之间的相互作用也会改变系统的演化路径，从而使农业供给结构的形成与演进呈现不同特征。三者之间的作用关系集中体现为制度、技术及资本、劳动、土地等农业要素资源通过市场机制不断结合、重组与结构性关联，生产并形成合乎市场需求的农业产品或服务供给，并借助于关联性市场交易机制，最终实现农业产品或服务供给与需求的吻合。显然，在这一过程中，农业要素的结构性整合是农业供给结构发育的基础，而其整合方式是在一定的市场竞争条件下农业市场主体理性选择的结果。

（二）农业供给结构变动与演进的外在诱因

除内生性因素外，农业供给结构的演进还受以下三项外生性因素的影响。

1. 消费需求

消费需求不仅决定供给与需求的吻合度，也决定市场竞争。对于特定的产品或服务，如果市场需求小于或等于市场供给，则该产品或服务供给竞争加剧，供给结构变革的压力增大；而当市场需求大于市场供给时，则该产品或服务的供给结构变革压力并不大，且随着需求的增加，供给偏向该产品的趋势也将越来越明显。也就是说，消费需求对农业供给结构演进具有重要的导向功能，能引导农业供给结构的演进方向。因此，消费需求是推动农业供给结构演进的根本动力，消费需求变动与层层递进必然要求农业供给结构做出适应性反应与变化。在这一过程中，市场信息的真实可靠与及时准确传递极为重要，如果市场供求信息失真或信息不能及时准确地在卖方和买方之间传递，则农业供给结构演进将失序，其与市场需求也将相悖。

2. 技术变革

技术变革是人们对资源禀赋变化和需求增长的一种动态反应，不仅是农业供给结构变化与演进的内生变量，同时，作为"倍增器"，技术进步还通过影响要素质量和组合效率来影响和推动农业供给结构演进。20世纪80年代以来，随着新一代信息技术的兴起和发展，大数据、云计算、物联网、移动互联网、人工智能等成为农业全要素生产率增长不容忽视的关键驱动因素，在农业供给结构演进的层次、规模、速度、效率等方面产生极为重要的影响。

3. 制度安排

制度包括产权、合约、政策、法律、组织管理等正式制度和文化、习俗等非正式制度及其实施机制。制度安排通过影响农业供给主体的行为，决定着农业投入要素的组合方式、组合效率和供给效果，从而对农业供给结构的形成与演进起到诱导或约束作用。

在上述三项农业供给结构演进的外生性因素中，消费需求是基础性的决定因素，消费需求决定市场竞争，而这种由需求所决定的竞争，又决定着技术与制度的变革。① 就农业而言，消费需求的变化是有规律可循的。因此，推动农业供给结构变革与演进，关键是要依据消费需求的变化趋势和市场竞争特点，推进技术变革与制度创新。

农业供给结构的演进规律与影响因素如图 2 - 2 所示。

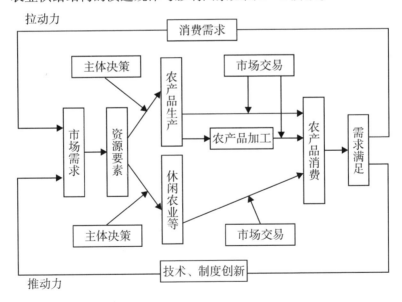

图 2 - 2　农业供给结构的演进规律与影响因素

---

① 黄祖辉、傅琳琳、李海涛：《我国农业供给侧结构调整：历史回顾、问题实质与改革重点》，载《南京农业大学学报（社会科学版）》2016 年第 6 期，第 1 - 5、152 页。

第二节　中国农业供给结构形成与演进的历史回溯[①]

新中国成立以来我国农业供给结构的形成与演进，以 1978 年党的十一届三中全会为时间节点，可以划分为计划经济和改革开放两个时期。

一、计划经济体制下中国农业供给结构的特征与成因

（一）基本特征

我国农业供给结构的传统格局是种植业、养殖业和家庭手工业在低层次上的结合，种植业占比较重，种植业又以粮食生产为主，这一农业供给结构一直延续了 2000 多年，直到 20 世纪 70 年代末，仍然基本停留在"农业—种植业—粮食"的低级阶段，种植业与林牧渔副业的产值结构始终维持在 7∶3[②] 以上。与此同时，农业技术长期停滞不前，生产工具绝大部分由农民自己加工，农用肥料基本上依赖农家肥，生产规模小，专业化和市场交易落后。因此，新中国成立至改革开放的近 30 年间，尽管政府也曾提出了农林牧副渔五业并举，种植业内部粮、棉、油、糖、菜、果、茶、麻、烟、药等全面发展的方针，但我国农业供给结构在此期间变化甚微（见表 2 - 1）。粮食是这一时期我国居民最重要的食物来源，人均粮食消费量远远超过其他食物消费量（见表 2 - 2），农产品供给短缺与配额消费成为常态。可将这一阶段的农业供给结构称为供给不足的单一粮食型结构。

---

① 由于农业内部产品种类繁多，对农业供给结构的分析难以细化至每一种产品。本部分选取种植业和养殖业的主要产品作为结构分析对象。其中，种植业包含粮食作物和非粮食作物，粮食作物主要是稻谷、小麦和玉米，非粮食作物主要是棉花、大豆、糖料、蔬菜。养殖业主要包含猪、牛、羊肉等产品，同时也涉及禽蛋、牛奶等其他养殖产品。

② 数据来源：《中国统计年鉴 1991》（国家统计局编，中国统计出版社 1991 年版）。除另有说明外，本书使用的数据均来自国家统计局公开出版的统计年鉴。

表2-1　1952—1978 年中国农业总产值构成

单位:%

年份	农业总产值/亿元	种植业	林业	畜牧业	副业	渔业	结构变化值
1952	461	73.54	1.58	11.22	12.35	1.31	0
1957	537	71.42	3.26	12.18	11.25	1.89	6.44
1962	584	76.75	2.23	10.92	7.95	2.15	11.18
1965	833	75.65	2.68	13.39	6.50	1.78	5.84
1970	1021	76.73	2.80	13.38	5.39	1.70	2.40
1975	1260	77.00	3.11	14.16	3.99	1.74	2.80
1978	1397	76.71	3.44	14.98	3.29	1.58	2.30

资料来源：国家统计局编《中国统计年鉴1991》，中国统计出版社1991年版。

表2-2　1961—1978 年中国居民主要食物人均年消费量

单位：千克

年份	谷物	蔬菜	水果	肉类	奶	鱼	水产品	坚果
1961	91.2	79.7	4.3	3.8	2.5	4.8	0.37	0.3
1965	125.1	58.3	4.6	9.2	2.4	4.9	0.55	0.3
1970	128.6	45.4	5.1	9.1	2.2	4.5	0.69	0.3
1975	136.1	48.0	6.3	10.6	2.5	5.6	0.91	0.2
1978	148.6	52.9	7.1	11.3	3.1	5.5	1.42	0.3

资料来源：联合国粮食及农业组织（FAO）统计数据库历年数据。

（二）形成原因

"供给不足的单一粮食型结构"源于这一时期特定的社会经济条件，尤其是受计划经济体制和我国以粮食生产为主导的农业发展政策的影响。

1. 短缺经济制约了农业生产结构的调整

土地改革废除了封建剥削制度，解放了农村生产力。1952 年后，政府采取措施恢复发展农业生产，取得明显成效。但随后"大跃进"和人民公社化运动使农业生产遭到破坏，直至 1964 后农业生产才缓慢恢复发展。与此同时，我国总人口由 1952 年的 5.7 亿多人增加到 1978 年的 9.6 亿多人，人口的快速增长，使有限的农业增长绩效被庞大的人口所瓜分，主要农产品人均占有量增长甚微，人均粮食占有量年均增长仅有 1 千克多，人均年谷物类粮食消费量始终不足 150 千克，导致种植业特别是粮食生产的压力不断加大。加之当时我国农业生产稳定增长的物质基础较差，抵御自然灾害的能力不足，粮食产量经常发生波动。而外汇储备有限，国家不具备大量进口粮食的能力和条件，相反，国际敌对势力还对我国构成了严重的威胁。① 粮食问题给我国政府构成的持续性挑战，迫使政府在农业政策的制定中，先是要偏重农产品总量增长的目标，特别是追求粮食产量的较快增长，强调"以粮为纲"，尽可能地缓解农产品供给短缺的压力，实现粮食安全的目标。而民众由于生活水平较低，未能形成对农产品结构转换的需求拉动，其结果是以粮食生产为中心的种植业比例居高不下，单一粮食型的农业供给结构得不到调整。

2. 计划经济体制时期农业资源配置效率低下

这一时期我国农业实施统购统销的计划经济体制，推行农村集体统一经营的运作模式，计划和行政命令是资源配置的唯一手段，其结果是切断了区域之间、城乡之间、生产者和消费者之间的有机联系，致使农村经济形成许多大小不等、结构单一的封闭体系。由于政府作用取代市场功能，经济运行缺少一种内在的自我调节机制，导致农业生产无法按市场规律形成的价格信号有效配置资源，农业资源的流动与重组受阻，各地的资源禀赋和比较优势无从合理利用与充分发挥，② 农业的多种经营和综合发展受到阻碍与限制。由此，同一区域内农业生产结构变化甚微，而不同区域内农业生产结构又高度雷同，单一粮食型的农业供给结构得不到调整。

二、改革开放以来中国农业供给结构的变迁与诱因

改革开放以来我国农业供给结构的演进，依据农产品供求关系的主要

---

① 李成贵：《中国农业结构的形成、演变与调整》，载《中国农村经济》1999 年第 5 期，第 18－24 页。

② 李成贵：《中国农业结构的形成、演变与调整》，载《中国农村经济》1999 年第 5 期，第 18－24 页。

特点，可以划分为三个阶段。

（一）农产品供求紧平衡阶段：1978—1997 年

1978 年党的十一届三中全会以后，我国农村率先改革，带来了农业和农村经济的全面发展。通过推行以家庭联产承包为基础、统分结合的农业双层经营体制和放开农产品价格以及实施农业产业结构调整，广泛调动农业经营主体的生产积极性，我国粮食和农业综合生产能力得到前所未有的提高和释放。粮食综合生产能力从 1978 年的 3.05 亿吨相继迈上 4 亿吨和近 5 亿吨两个台阶[①]，一举扭转了粮食长期严重短缺的局面，甚至出现了"卖粮难"现象。同时，快速的经济增长和城镇化增加了民众对肉类、水果和其他副食品的需求。为解决粮食种植比例畸高、其他农产品供给不足问题，1985 年，中央一号文件做出"在稳定粮食生产的同时，积极发展多种经营"的农业产业结构调整决策。自此，以种植业为主的农业生产结构开始向种植业、林业、牧业、渔业各业综合发展的方向转变，以粮食作物为主的种植业结构开始向粮食作物、经济作物、其他作物全面发展的方向转变。通过加强农业资源开发利用、提高复种指数、增加劳力和化肥等投入，我国谷物产量从 1992 年开始稳居世界第 1 位，肉类产量、水果产量则在 1996 年分别从 1978 年的世界第 3 位与第 9 位跃居到世界第 1位。[①]人均粮食产量从 1978 年的 318.7 千克增至 1997 年的 399.7 千克，人均猪牛羊肉产量从 1978 年的 9.1 千克增至 1997 年的 42.6 千克，棉花、油料、糖料、茶叶、水果、水产品等主要农产品的人均产量也得到了大幅提高。粮食和其他农产品产量的大幅提升，终结了我国主要农产品长期供给短缺的历史，总体上满足了城乡居民基本温饱生存的食物消费需要，农业供求关系迈入由长期供给短缺到供求总量大体平衡的新阶段。但这一阶段主要农产品的供求关系处于紧平衡状态，这种平衡是建立在居民食物消费水平较低的基础之上的大体平衡。

（二）农产品供给相对过剩阶段：1998—2004 年

1992 年邓小平"南方谈话"以后，我国改革开放与市场经济发展的

---

① 朱晓峰：《新阶段我国农业发展的特征、问题与对策》，载《学术界》2013 年第 6 期，第 52 - 73 页。

步伐进一步加快,农业发展也随着整体经济的升温而加快。粮食等农产品连年丰收后,出现全国性的销售不畅和积压,农产品供求由"总量平衡、丰年有余"转变为大多数农产品供给过剩,形成了买方市场。与此同时,快速的经济增长和城镇化使得城乡居民对肉类、水果和高档优质农产品的需求快速增长。为此,1998 年后我国提出大力推进高产、优质、高效的农业战略性结构调整。通过调整优化农业区域结构、品种结构、组织结构和纵向结构,到 2003 年,我国粮食作物九大优势产业带基本形成,粮食作物、猪牛羊等良种化率大幅提升,绿色、有机农产品生产规模逐年扩大,主要农产品加工转化率由 1996 年的不到 30% 提高到 2003 年的 40%以上,各类农业产业化经营组织发展到近 10 万个。但由于 1999—2003 年粮价持续低迷,农民种粮积极性受挫,粮食连续多年减产。从 2004 年开始,增加粮食产量又成为我国农业结构调整的重心,进而导致我国第二次农业结构调整并未达到当时的预期。[1]

(三) 农产品供求结构性矛盾凸显阶段:2004—2016 年

进入 21 世纪,我国农业发展的内在条件和外部环境都发生了深刻变化:强农惠农政策的实施和科技进步,推动我国农业实现了创纪录的粮食生产"N 连增";工业化、城镇化的深入推进,农业综合生产成本快速上涨;城乡居民收入水平大幅增长,居民消费结构快速升级;加入世界贸易组织(WTO)后,特别是在 2004 年过渡期结束后,市场对外开放水平大幅度提高,农业"引进来"和"走出去"的机遇与风险并存。尽管 2005年、2006 年、2007 年、2009 年和 2015 年中央一号文件进一步强调深入推进农业和农村经济结构调整,但成本攀升与价格低迷、库存高企与销售不畅、小生产与大市场、国内外农产品市场价格倒挂等结构性矛盾集中显现,保障国家粮食安全和重要农产品的有效供给面临严峻挑战。[2]

---

① 涂圣伟:《我国农业供给结构失衡的根源与改革着力点》,载《经济纵横》2016 年第 11期,第 108 – 113 页。

② 《中共中央 国务院关于深入推进农业供给侧结构性改革加快培育农业农村发展新动能的若干意见》,见新华网(http://www.xinhuanet.com/politics/2017 – 02/05/c_ 1120413568.htm),2017 年 2 月 5 日。

（四）农业供给侧结构性改革阶段：2017 年至今

面对农业发展阶段性变化和农产品供求新形势，2015 年 12 月，中央农村工作会议首次提出要着力加强农业供给侧结构性改革，形成结构合理、保障有力的农产品有效供给[①]。随后，2016 年中央一号文件进一步强调要"推进农业供给侧结构性改革，加快转变农业发展方式"，2017 年中央一号文件更是从国家层面对农业供给侧结构性改革进行了顶层设计。自此，我国农业发展站上战略转型的历史新起点，推进农业供给侧结构性改革，提高农业发展质量、效益和国内外市场竞争力，成为我国农业发展与政策改革的重要任务和主要方向。

1978—2019 年中国农业生产结构变化情况和中国主要农产品产量情况见表 2 - 3、表 2 - 4。

表 2 - 3　1978—2019 年中国农业生产结构变化情况

单位：%

年份	农业生产结构				种植业结构		
	种植业	牧业	林业	渔业	粮食作物	经济作物	其他作物
1978	80.0	15.0	3.4	1.6	80.1	9.6	10.0
1985	69.2	22.1	5.2	3.5	75.8	15.6	8.7
1990	64.6	25.7	4.3	5.4	76.5	14.4	9.1
1995	58.4	23.5	4.3	8.5	73.4	15.0	11.6
1997	60.7	25.8	4.1	9.4	73.3	14.6	12.1
2000	55.7	29.7	3.8	10.8	69.4	20.9	9.7
2004	50.1	33.6	3.7	12.6	66.2	28.8	5.0
2010	53.3	30.1	3.7	12.9	71.0	26.0	3.0
2015	53.8	27.8	4.2	14.4	71.3	26.2	2.5

---

① 《中央农村工作会议在京召开》，见新华网（http://www.xinhuanet.com/politics/2015 - 12/25/c_ 1117584302.htm），2015 年 12 月 25 日。

续上表

年份	农业生产结构				种植业结构		
	种植业	牧业	林业	渔业	粮食作物	经济作物	其他作物
2019	56.2	28.2	4.9	10.7	70.0	26.9	3.1

注：农业生产结构指的是各部门的产值比例，种植业结构指的是播种面积比例。

资料来源：2005—2020 年《中国统计年鉴》。

表 2-4　1978—2019 年中国主要农产品产量

单位：万吨

年份	主要农产品								
	粮食	油料	棉花	肉类	水产	禽蛋	奶类	蔬菜	水果
1978	30476.5	521.8	216.7	1062.0	465.5	—	—	—	657.0
1985	37910.8	1578.4	414.7	1926.5	705.2	534.7	—		1163.9
1990	44624.3	1613.2	450.8	2857.0	1237.0	794.6	—		1874.4
1995	46661.8	2250.3	476.8	5260.1	2517.2	1676.7	—	25726.7	4214.6
1997	49417.1	2157.4	460.3	5268.9	3118.6	1897.1	681.1	35962.4	5089.3
2000	46217.5	2954.8	441.7	6013.9	3706.2	2182.0	919.1	44467.9	6225.1
2004	46947.0	3065.9	632.4	6608.7	4246.6	2370.4	2368.4	55064.7	15340.9
2005	48402.2	3077.1	571.4	6938.9	4419.9	2438.1	2864.8	56451.5	16120.1
2010	55911.3	3156.8	577.0	7993.6	5373.0	2776.9	3211.3	53031.0	20095.4
2015	66060.3	3390.5	590.7	8749.5	6211.0	3046.1	3295.5	66425.0	24524.6
2019	66384.3	3493.0	588.9	7758.8	6480.4	3309.0	3297.6	72103.0	27400.8

资料来源：2005—2020 年《中国统计年鉴》。

第三节　中国农业供给结构失衡的突出特征

供求关系是生产和消费之间的关系在市场上的反映，这种关系既包括量的平衡，也包括质的适应。进入 21 世纪，中国农业供给进入匹配"生存温饱型需求"向匹配"小康享受型需求"大转型的新阶段，原有的供需平衡不断被打破，结构性失衡集中显现。当前，这种结构性失衡主要表现出以下四个方面的特征。

一、初级产品供求结构性矛盾凸显

（一）从品种结构看，供不应求与供过于求并存

如果不考虑进口和出口，单以国内产量占消费量的比重大于 110% 和低于 90% 作为标准，可把主要农产品分为供过于求型、产需平衡型和生产不足型三种类型。[①] 从表 2–5 可以看出，2019 年，我国小麦、玉米、马铃薯、蔬菜、水果、猪肉、羊肉、禽肉、禽蛋、水产品等属于产需基本平衡型农产品；大米则属于严重的供过于求型农产品，国内生产量超过国内消费量 41.93%；大豆、食用植物油、棉花、食糖和牛肉、奶制品属于生产不足型产品，尤其是大豆和食用植物油的进口依赖度大，2019 年进口量分别是国内产量的 489.45% 和 113.11%，国内产量占消费量的比重分别只有 17.75% 和 30.53%。

---

① 魏后凯：《中国农业发展的结构性矛盾及其政策转型》，载《中国农村经济》2017 年第 5 期，第 2–17 页。

表2-5 2019年中国主要农产品生产和消费情况

单位：万吨

类型	农产品	产量	进口量	消费量	出口量	产量/消费量/%	（产量+进口量-出口量）/消费量/%	进口量/产量/%
供过于求型	大米	20961.40	237.00	14769.00	277.00	141.93	141.66	1.13
产需基本平衡型	小麦	13359.60	349.00	12828.00	31.00	104.14	106.62	2.61
	玉米	26077.90	479.00	27700.00	2.49	94.14	95.86	1.84
	蔬菜	55010.00	50.00	53245.00	1163.00	103.31	101.22	0.09
	马铃薯	9905.00	13.04	10421.00	53.63	95.05	94.66	0.13
	水果	26600.00	729.30	26400.00	492.10	100.76	101.66	2.74
	猪肉	4255.30	313.00	4463.00	—	95.35	—	7.36
	禽肉	2239.00	79.70	2268.10	51.24	98.72	99.97	3.56
	羊肉	487.50	39.24	527.00	0.20	92.50	99.91	8.05
	禽蛋	3309.00	0.0024	3296.00	10.10	100.39	100.09	0.00
	水产品	6480.40	627.00	6711.00	427.00	96.56	99.54	9.68
	饲料	22885.00	1204.00	22636.00	—	101.10	—	5.26
生产不足型	大豆	1810.00	8859.00	10200.00	11.00	17.75	104.49	489.45
	食用植物油	1019.00	1152.60	3338.00	26.80	30.53	64.25	113.11
	棉花	588.90	184.90	813.00	—	72.44	—	31.40
	糖料	1076.00	324.00	1520.00	19.20	70.79	90.84	30.11
	牛肉	667.30	165.97	833.00	218.04	80.11	73.86	24.87
	奶类	3297.60	297.34	4949.00	5.24	66.63	72.53	9.02

资料来源：农业农村部市场预警专家委员会《中国农业展望报告（2020—2029）》，中国农业科学技术出版社2020年版；中国农业监测预警（https://www.agri-outlook.cn/）；《中国统计年鉴（2020）》。

（二）从品质结构看，"买难""卖难"现象普遍存在

优质高档农产品生产不足，需依靠进口，而中低档农产品供给过剩，一些"大路货"往往卖不上价，甚至积压滞销。以粮食作物为例，2019年，我国粮食产量达到66384万吨，实现总产"十六连增"，而同年我国粮食进口达到1791.8万吨，包括大豆、小麦、玉米、高粱在内的进口量创历史新高。[①] 由于品质结构不对路，一定程度上仍然存在"三量齐升""洋货入市""国货入库"的现象。就粮食作物来说，我国是世界上最大的水稻生产国，但"镉"米压库，优质米短缺，泰国米、越南米、柬埔寨米冲击市场的现象仍有发生。就蔬菜、水果等非粮产品来说，因品质低而引发"卖难"问题则更为明显，在一些地区甚至出现果子熟透而果农无心采收，消费旺季而消费者无意购买的严峻现实。

（三）从单一农产品看，周期性的供过于求与供不应求交织出现

农产品"供不应求—价格大涨—大量种养—供过于求—价格大跌—少种弃养"和"多了多了""少了少了"的怪象难以消除。以种植业为例，2015—2019年，我国粮食总量基本平衡，但在粮食作物中，玉米已从严重的产能过剩转变为供需基本平衡，大米则从供需基本平衡转变为供给过剩（见表2-5、表2-6）。而生猪、牛羊、蔬菜、水果等鲜活农产品供需"蛛网现象"表现得更为明显，2015年以来生猪市场的起起伏伏和猪肉价格的暴跌暴涨，给消费者留下了深刻感受，"猪周期"现象造成了我国生猪市场每隔3～4年就会有一个波动周期。

---

① 数据来源于中国农业监测预警（https://www.agri-outlook.cn/）。

表2－6 2015年中国主要农产品供给和消费情况

单位：万吨

类型	农产品	产量	进口量	消费量	出口量	产量/消费量/%	（产量＋进口量）/消费量/%	进口量/产量/%
供过于求型	玉米	22458.0	473.0	17755.0	1.0	126.5	129.2	2.1
	小麦	13019.0	275.0	11966.0	20.0	108.8	111.1	2.1
产需基本平衡型	大米	14577.0	338.0	14521.0	29.0	100.4	102.7	2.3
	蔬菜	49804.0	24.0	47734.0	1019.0	104.3	104.4	0.0
	水果	27146.0	412.0	26585.0	423.0	102.1	103.7	1.5
	猪肉	5487.0	78.0	5545.0	20.0	99.0	100.4	1.4
	禽肉	1826.0	41.0	1818.0	48.0	100.4	102.7	2.2
	牛肉	700.0	47.0	747.0	0.5	93.7	100.0	6.7
	羊肉	441.0	22.0	463.0	0.3	95.2	100.0	5.0
	禽蛋	2999.0	0.002	2985.0	9.8	100.5	100.5	0.0
	水产品	6690.0	408.0	6692.0	406.0	100.0	106.1	6.1
	饲料	19436.0	—	19158.0	—	101.5	—	—
生产不足型	大豆	1051.0	8169.0	9364.0	13.0	11.2	98.5	777.3
	食用植物油	2660.0	679.0	3150.0	14.0	84.4	106.0	25.5
	棉花	560.5	145.2	735.7	1.0	76.2	95.9	25.9
	食糖	1056.0	481.0	1510.0	6.0	69.9	101.8	45.5
	奶制品	3890.0	1110.0	5010.0	7.0	77.6	99.8	28.5

资料来源：魏后凯《中国农业发展的结构性矛盾及其政策转型》，载《中国农村经济》2017年第5期，第2－17页。

二、加工产品、服务产品供给不足

受制于人多地少的基本国情，长期以来我国农业的主要功能就是发展种养业提供食物。直至今日，其生态、文化等多种功能仍然发展不足，农业生产、加工、流通、服务等产业链环节缺失或耦合性差，农业加工产品和服务产品难以满足消费转型的需要。

（一）加工产品增长缓慢

与发达国家相比，我国对农产品加工业缺乏稳定持续的支持政策，在原材料成本刚性上涨、终端产品市场化波动的不利局面下，相当一部分农产品不得不以初级原料形式供应市场。[①] 目前，发达国家农产品精深加工程度一般在90%以上，农产品加工业产值与农业总产值之比为3:1～4:1[②]。2018年，我国农产品加工业的主营收入为14.9万亿元，农产品加工业产值与农业总产值之比为2.3:1，[③] 虽然较20世纪已有较大提升，但仍明显低于发达国家水平。由于系列开发和精深加工程度低，农产品供给只能以自然资源型的初级产品为主，难以满足当前居民食物消费多元化、快捷化、个性化转型的需要。

（二）新兴产品发展滞后

2019年，我国城乡居民恩格尔系数已分别下降到27.6%和30.0%，开始进入富裕阶段[④]，消费层次和消费形态发生深刻变化，城乡居民对食物消费的需求已不再仅仅局限于供应能量，在吃得饱、吃得好、吃得健康的同时，也要游得开心、玩得开心，乡村旅游、休闲农业等已成为一种新

---

① 涂圣伟：《我国农业供给结构失衡的根源与改革着力点》，载《经济纵横》2016年第11期，第108－113页。

② 魏后凯：《中国农业发展的结构性矛盾及其政策转型》，载《中国农村经济》2017年第5期，第2－17页。

③ 张红宇：《乡村振兴背景下的现代农业发展》，载《求索》2020年第1期，第124－131页。

④ 联合国粮农组织根据恩格尔系数的大小，总结了世界各国的生活水平划分标准，即一个国家平均家庭恩格尔系数大于60%为贫穷、50%～60%为温饱、40%～50%为小康、30%～40%为相对富裕、20%～30%为富裕、20%以下为极其富裕。

型消费业态。但目前我国农村第一、第二、第三产业融合发展滞后，农业新产业、新业态、新模式发展缓慢。据农业农村部统计，2018 年我国"互联网＋"相关产业增加值占农业增加值的 14%，乡村旅游产业增加值占农业增加值的 8.9%，新产业、新业态对农业农村社会总产值的贡献率在 20% 左右①，远不能满足城乡居民消费升级的需要。

（三）服务产品开发不足

随着农业专业化、规模化、现代化进程的加快，现代农业的发展迫切需要产业链的延伸和农业产前、产中、产后部门之间的协同发展，在这一过程中，农业生产性服务业的大力发展和有效供给是重点和关键。然而，目前贯穿于我国农业生产全过程、各环节的产前、产中和产后服务体系尚不健全，尤其是农业科技推广、市场信息服务、农产品营销服务、农业金融保险等生产性服务业发展滞后。2018 年，农业生产性服务业增加值为 2000 亿元②，远不能满足现代农业发展的需要。

三、绿色产品、品牌产品供给短缺

近年来，虽然政府大力倡导绿色发展，并采取多方面政策措施加大对农业绿色发展的支持力度与对农产品质量安全的监管力度，但目前我国农业绿色发展和农产品标准化、品牌化建设仍然滞后，难以满足城乡居民食物消费生态化、品牌化的转型升级需要。

（一）"二品一标"③ 农产品供给匮乏

目前，在人均食物消费量持续增长的同时，食品安全已成为城乡居民食物消费的重要考虑因素，在"吃得饱"的基础上，对"吃得好""吃得健康"的消费需求不断增长。据本课题组对湖南省长沙市、邵阳市的调研，在城镇，目前90%以上的居民有购买绿色、有机食物的意愿，65%左右的居民购买过绿色、有机食品。在农村，虽然目前大部分村民对

---

① 张红宇：《乡村振兴背景下的现代农业发展》，载《求索》2020 年第 1 期，第 124 – 131 页。
② 张红宇：《乡村振兴背景下的现代农业发展》，载《求索》2020 年第 1 期，第 124 – 131 页。
③ "二品一标"指绿色食品、有机农产品和农产品地理标志。

"绿色""有机"的概念并不清楚，但往往存在着两种农业生产模式，一种是供出售的"化学农业"生产模式，普遍使用化肥、农药、除草剂和喂食饲料、添加剂；另一种是供村民自食的"生态农业"生产模式，粮食、蔬菜、水果等仅使用有机肥，畜禽等只喂食谷物、菜叶，或者放养。由此可以看出，尽管由于收入、市场供应等不同，城乡居民安全健康食物消费的途径有所差异，但无论是城镇还是乡村，居民的食物消费都已经开始从数量型向质量型转变。然而，现阶段我国农业生产中高投入、重污染、低效益的粗放型增长方式仍然没有发生根本改变，尽管我国自 2015年起开始实施化肥、农药零增长行动，但目前化肥、农药的使用强度仍超世界平均水平，抗生素的使用量依然较大。农业生产过程中过度依赖要素投入，尤其是化肥、农兽药、饲料添加剂等的过度和超标使用，加剧了土壤、水等农业生态环境的污染，而工业化、城镇化扩张造成的水、土壤、大气污染，使得这一问题变得更加突出。2019 年，全国一至三等的高等地仅占耕地总面积的 31.24%，七至十等的低等地占耕地总面积的21.95%。[①] 农业生态环境的破坏使得难以生产出适销对路的"二品一标"农产品，在一定程度上制约了城乡居民对食物消费营养、健康、生态的需要。

（二）品牌农产品供不应求

品牌是质量、效益和竞争力，也是消费者识别、认同、购买的标识。目前，我国农产品消费需求已由单纯地追求食物需要，转向同时追求物质和精神需要，品质消费、品牌消费特征日益明显。然而，尽管我国粮食等主要农产品产量已稳居世界前列，但良种化、标准化程度仍然不高，加之在分散化的生产经营方式下难以对生产过程进行科学指导和有效监控，导致虽然农产品品种齐全、品类众多，但同质化严重，"大路"产品、低端产品、普通品种多，优质产品、高档产品、专用品种少。同时，农产品流通领域人才匮乏，在产品营销策划、品牌推广传播、渠道运营管理等方面运作不足，针对用户需求和体验进行专业的包装和外观设计的少，且集贸

---

① 《2019 年全国耕地质量等级情况公报》，见中华人民共和国农业农村部（http://www.moa. gov. cn/nybgb/2020/202004/202005/t20200506 _ 6343095. htm? eqid = e3b947bb0037dd5600 000003642d425d），2020 年 5 月 6 日。

市场、夫妻店仍是农产品，特别是鲜活农产品流通的主渠道，以致目前绝大多数农产品无品牌标识、无正规包装，难以满足城乡居民品质生活、品牌消费的需要。

四、特色产品供给不足，产销空间错位

目前，区域差异、资源禀赋、市场需求等在我国农业供给结构演进中的作用尚未能得到充分发挥，一定程度上存在特色农产品供给不足的问题和产销空间错位的现象。

（一）区域生产结构趋同，特色农产品供给不足

农业最本质的特征是自然再生产和经济再生产过程的交织。在其自然再生产过程中，有生命的动植物（包括微生物）是劳动的对象，这些有生命的动植物需要在一定的自然环境中生长，因而，农业的经济再生产过程是通过动植物的自然再生产过程来实现的。但由于土壤、水、光照、温度等自然禀赋条件具有强烈的地域性，表现为区域间的差异性及区域内的共同性。因此，农业生产需要从客观实际出发，依据不同区域的自然禀赋条件，因地制宜、合乎规律地确定不同区域的农业生产结构，实现农业生产的合理地域分工，产出各具特色的差异化产品。然而，尽管近年来我国东、中、西部农业生产结构演进相似系数逐渐下降，但仍处高位①，这表明我国农业差异化发展不充分，农业特色发展格局尚未形成。过于单一和同质化的农业生产结构，不仅不能充分发挥各地的比较优势，生产不同种类和各具特色的农产品以满足居民食物消费多元化的需要，而且在一定程度上会破坏农业的生态环境。

（二）资源要素错配，农产品产销空间错位

自然资源的差异性和自然资源对农业生产的约束性是形成农业供给结构的自然基础，市场需求则是农业供给结构形成与演进的动力与方向。合理的农业供给结构必须发挥本地区自然条件和资源禀赋的比较优势，根据市场需求合乎规律地确定不同地带的农业发展方向和规模。然而，目前我

---

① 丁华：《中国农业市场结构研究》，华中科技大学博士学位论文，2008 年。

国农业资源要素错配、产销空间错位现象依然在一定程度上存在。随着工业化和城镇化的不断发展,长江三角洲、珠江三角洲等经济发达地区的耕地面积不断减少,农业产能也不断下降。以粮食生产为例,2019年,广东省粮食播种面积比1978年高峰时下降了57.4%,粮食产量比1997年高峰时下降了37.1%,浙江省粮食播种面积和粮食产量分别比1984年高峰时下降了72.0%和67.4%。粮食产量下降而消费量却随着人口的增长不断增加,由此珠三角、长三角已由过去的粮食主产区转变为现在的粮食主销区,保障国家粮食安全的重任已经转移到了东北和中西部地区。目前,黑龙江、河南、山东、吉林、江苏、安徽、四川、河北、湖南、内蒙古、湖北、江西、辽宁13个省份粮食产量占全国的80%以上,调出量达90%左右。

粮食生产是一个高耗水行业,我国的水资源主要分布在南方,粮食特别是稻米的消费市场也主要在南方,而目前我国粮食生产重心却不断向水资源短缺的北方转移,这种状况不仅制约了区域资源禀赋优势的充分发挥,而且由于生产、消费的空间错位而不得不相向调水与运粮,"北粮南运"是一种典型的资源错配[1]和产销错位。

第四节 中国农业供给结构失衡的主要成因

农业供给结构的形成与演进既是其内部各子系统演进及相互作用的结果,也受消费需求、技术变革、制度安排等外部环境的影响。当前,从农产品供求关系看,我国农业供给结构失衡特征明显。究其原因,这种失衡与其内、外各系统的演进及相互作用息息相关。

---

[1] 魏后凯:《中国农业发展的结构性矛盾及其政策转型》,载《中国农村经济》2017年第5期,第2-17页。

一、信息传导不畅、宏观调控失灵引致农业生产结构演进的滞后性和稳态性，进而形成农产品供求结构性矛盾

生产是供给的前提与基础，没有生产就没有供给。生产的规模、范围和速度决定了供给的规模、质量和效率。因此，农业生产结构的状况直接决定了农业供给结构的质量和效率。新中国成立以来，我国居民食物消费经历了改革开放前的贫困阶段、改革开放至 20 世纪末的生存温饱阶段，进入 21 世纪后开启了由总体小康向全面小康发展的新征程，随之我国居民食物消费进入小康享受阶段，消费层次升级的结构性变化特征极为明显。但由于农产品消费需求是快变量，农业生产是慢变量，在农产品供求信息鸿沟和农业"增产型政策"导向加持下，我国农业生产经营还是在不断增产的"快车道"上加速奔驰，对多元、个性、品牌等农产品市场需求与消费形态变化的前瞻不足，导致农业生产结构的演进滞后于城乡居民食物消费结构的升级，农业品种结构、品质结构、空间结构失衡等矛盾随之产生。

（一）居民消费结构跃迁，信息鸿沟引致农业生产结构演进滞后，从而导致农业品种结构、品质结构失衡

从消费端分析，进入 21 世纪以来，我国城乡居民食物消费结构转型升级的特征明显。2019 年与 2013 年相比[①]，我国居民粮食人均消费量持续减少，6 年下降 12.5%，而同期猪、牛、羊肉消费量增加了 1.3 千克，增长 5.1%；人均禽肉消费量增加了 3.6 千克，增长 50.0%；人均蛋类消费量增加了 2.5 千克，增长 30.5%；人均水产品消费量增加了 3.2 千克，增长 30.8%；人均奶类消费量增加了 0.8 千克，增长 6.8%（见表 2 - 7）。

---

① 我国居民人均主要食物消费量 2013 年以前《中国统计年鉴》分别按城镇居民和农村居民统计，为保证可比性，本部分以 2013 年为研究基期。

表2-7 2013—2019年中国居民人均主要食物消费量

单位：千克

指标	2013年	2014年	2015年	2016年	2017年	2019年	增长率/%
粮食（原粮）	148.7	141.0	134.5	132.8	130.1	130.1	-12.5
鲜菜	94.9	94.1	94.9	96.9	96.1	95.2	0.3
肉类	25.6	25.6	26.2	26.1	26.7	26.9	5.1
禽类	7.2	8.0	8.4	9.1	8.9	10.8	50.0
水产品	10.4	10.8	11.2	11.4	11.5	13.6	30.8
蛋类	8.2	8.6	9.5	9.7	10.0	10.7	30.5
奶类	11.7	12.6	12.1	12.0	12.1	12.5	6.8

资料来源：2014—2020年《中国统计年鉴》。

从生产端分析，2013—2019年，我国畜牧业发展处于小幅波动下行状态，猪羊牛肉从2013年的8632.8万吨减少到2019年的7758.8万吨。相反，种植业则处于逐步上升状态，粮食产量从2013年的63048.2万吨增加到2019年的66384.3万吨（见表2-8）。从农林牧渔业部门结构分析，在农林牧渔业总产值构成中，种植业和畜牧业产值一直保有很高的份额，是我国农业两大主要部门，而林业和渔业产值在农业总产值中的占比一直较小。进一步分析可知，畜牧业所占比重在2011年小幅上升，之后则逐步下降，2019年已下降到26.67%，渔业所占比重一直保持在10%左右。相反，种植业所占比重则处于小幅波动逐步回升状态，2019年达到53.29%（如图2-3所示）。

表2-8 2013—2019年中国主要农产品产量

单位：万吨

指标	2013年	2014年	2015年	2016年	2017年	2019年	增长率/%
粮食	63048.2	63964.8	66060.3	66043.5	66160.7	66384.3	5.3
肉类	8632.8	8817.9	8749.5	8628.3	8654.4	7758.8	-10.1
禽蛋	2876.1	2893.9	3046.1	3160.5	3099.3	3309.0	15.1

续上表

指标	2013 年	2014 年	2015 年	2016 年	2017 年	2019 年	增长率/%
奶类	3118.9	3276.5	3295.5	3173.9	3148.6	3297.6	5.7
水产品	5744.2	6001.9	6211.0	6379.5	6445.3	6480.4	12.8
水果	25093.0	26142.2	24524.6	24405.2	25241.9	27400.8	9.2

资料来源：2014—2020 年《中国统计年鉴》。

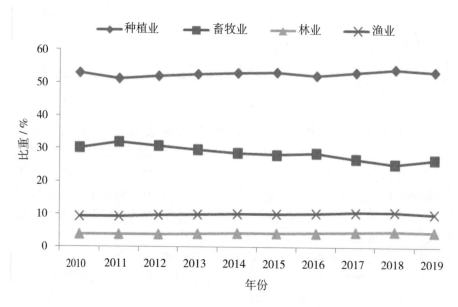

图 2-3 2010—2019 年中国农业总产值构成

资料来源：2011—2020 年《中国统计年鉴》。

在城乡居民食物消费高蛋白、高营养结构变迁与升级的背景下，畜牧业、渔业产值在农林牧渔业总产值中所占比重却一直停滞不前，甚至出现下降趋势，由此反映出农产品消费需求的变动与层次递进未能引致农业生产做出适应性反应与变化。虽然形成这一结果的原因有很多，但信息"鸿沟"是其重要成因，特别是在我国农业生产经营中，小规模农户要精准对接消费大市场，占有充分的市场信息是前提与基础，市场信息的真实可靠与及时准确传递尤为重要。

目前，我国农村信息化基础设施建设加快推进，基于移动互联网、大数据等现代信息技术的社会化服务组织应运而生。然而，由于长期以来的城乡二元结构及地理位置等因素制约，我国现阶段农村信息化建设依然滞后。据本课题组在湖南省长沙县、安化县、新晃县、中方县等地的调研，目前农村信息网络基础设施和通信网络基础设施中的传输通道、设备仪器和服务场所等还没有彻底解决"最后一公里"问题，而基于大数据、云计算、区块链等新技术新算法和以信息资源开发与利用为核心内容的数字农业建设才刚起步。一方面，农户信息终端设施特别是电脑的拥有量低，获取和利用信息意识差，缺乏信息利用的基本素养和应有技能，导致农业信息的传递与交流困难。另一方面，农村基层信息服务体系建设滞后，信息资源的搜集、整合和服务水平不高，加之信息平台商业运作模式不成熟、市场化机制不健全，信息的发布与传递缺乏准确性、及时性、全面性和科学性，导致信息利用率不高，或有效信息资源不足。由此，农业生产者无法根据消费者信息及时安排生产，农业管理者无法及时根据市场需求优化配置资源要素，从而导致农业品种结构、品质结构失衡，农产品"过剩"和"不足"等问题随之产生。

（二）宏观调控失灵引致农业生产结构演进的稳态性，从而导致农业"三量齐增"和特色产品供给不足

制度安排通过影响农业供给主体的行为，进而决定着农业投入要素的组合方式、组合效率和供给效果，从而对农业供给结构的形成与演进形成诱导或约束作用。农业是重要的战略性基础产业，不仅担负着保障国家粮食安全和农民生存发展的重要使命，而且为工业化、城镇化和整个国民经济的发展提供支撑。农业的战略性地位和公共属性决定了农业历来是国家宏观调控和政策支持的重要产业。① 新中国成立以来，特别是党的十一届三中全会以后，我国农业实现了举世瞩目的跨越式发展，创造了世界农业发展的奇迹。毫无疑问，这些成就的取得与农村改革的深化和政府对农业支持的强化直接相关。然而，受短缺经济的影响，也是为了保证"粮食安全"，在过去相当长的一段时期内，我国实行的是一种以"保增产"为

---

① 涂圣伟：《我国农业供给结构失衡的根源与改革着力点》，载《经济纵横》2016 年第 11 期，第 108－113 页。

核心目标的增产导向型农业政策。[①] 这种增产导向型政策有力地刺激了粮食等重要农产品产量的不断增长，保障了国家粮食安全，解决了广大民众"吃不饱"的问题。但是，随着发展阶段的转型和居民消费层次的升级，这种增产导向型政策的弊端日益凸显，农业供给与需求的结构性矛盾已经成为增产导向型农业政策无法有效破解的难题。面对农业发展阶段性变化和农产品供求新形势，尽管中央一再强调深入推进农业和农村经济结构调整，尤其是2015年以后，提出推进农业供给侧结构性改革，提高农业发展质量、效益和国内外市场竞争力。然而，如前文所述，由于信息鸿沟，政府宏观调控是在掌握不完全信息和数据的基础上进行的，同时受制于传统调控技术手段，其意图和目标也很难完全实现。因此，直至今日，农业供给结构失衡问题依然困扰着政府，农业生产的稳态性、滞后性在一定程度上仍然存在。

我国是社会主义市场经济国家，市场在资源配置中起决定性作用。但是，市场不是万能的，市场在某些领域的资源配置会产生失灵的缺陷，此时就要发挥政府的指导和计划调控作用。改革开放以来，我国逐步形成了与社会主义市场经济体制相适应的农业宏观调控体系，调控目标、政策手段的市场化、机制化建设取得明显成效，[②] 特别是在当前社会主义市场经济体制下，政府十分重视市场价值规律、竞争规律等，市场资源配置效率较高。但是，在我国农业迈向市场化的进程中，政府职能错位和宏观调控失灵的现象也时有发生。[③] 以粮食生产为例，2004年以来国家先后分品种实行了粮食最低收购价和重要农产品临时收储政策，2008年到2014年，小麦最低收购价格提高了63.9%～71.0%，稻谷则提高了74.7%～89.0%。而自2012年年底起，国际市场粮价持续下跌，导致主要农产品国内价格比国际价格高30%～50%。[④] 由于经济活动主体的逐利性，市场

---

① 魏后凯：《中国农业发展的结构性矛盾及其政策转型》，载《中国农村经济》2017年第5期，第2－17页。

② 涂圣伟：《农业供给侧改革关键在扭转"三大失衡"》，载《黑龙江粮食》2016年第4期，第13－16页。

③ 魏后凯：《中国农业发展的结构性矛盾及其政策转型》，载《中国农村经济》2017年第5期，第2－17页。

④ 陈锡文：《加快推进农业供给侧结构性改革 促进我国农业转型升级》，载《农村工作通讯》2016年第24期，第5－8页。

主体都是以追求利益最大化为原则，然后据此作为行为决策。因此，2013年以来我国大米、小麦、玉米等主要粮食作物播种面积持续增长，同时由于粮食等主要农产品国内外市场价格倒挂，导致我国出现了粮食"三量齐增"（产量、进口、库存量齐增）的局面，其中以玉米最为典型。

此外，少数地方政府的职能错位和产业发展政策的失误，也是造成我国农产品供给空间结构失衡和特色产品供给不足的重要原因。有时候政府直接规划或决策农业生产布局，使得农产品生产未能从客观实际出发，依据不同区域的自然禀赋条件，因地制宜、合乎规律地确定不同区域的农业生产结构，产出各具特色的差异化产品。过于单一和同质化的农业生产结构，不仅不能充分发挥各地的比较优势，生产不同种类和各具特色的农产品以满足居民食物消费多元化的需要，而且造成资源错配和产销空间错位，也在一定程度上破坏了农业的生态环境。

二、低市场集中度、非对称性的农业市场结构引致完全竞争和供应链梗阻，进而产生农产品供求困境

在农业供给结构的演化过程中，制度、技术及资本、劳动、土地等要素通过市场机制不断结合、重组与结构性关联，生产并形成合乎市场需求的农业产品或服务供给，并借助于关联性市场交易机制，最终实现农业产品或服务供给与需求的吻合。显然，在这一过程中，农业要素的结构性整合方式是在一定的市场竞争条件下，农业市场主体理性选择的结果。因此，农业市场结构的特性也会改变农业供给结构的演化路径，从而使其呈现不同特征。目前，我国低市场集中度和非对称性的农业市场结构，引致农产品市场完全竞争和供应链梗阻，进而农产品供给质量和供给效率低下，使"多了多了""少了少了""买难""卖难"和供需"蛛网现象"等农产品供求困境随之产生。

（一）低集中度的农业市场结构引致完全竞争，从而导致农产品供不应求与供过于求等现象并存

从生产领域看，由于人多地少，以及以家庭经营为主导，长期以来我国农业生产呈现小规模与细碎化的特征。直至今日，尽管农村家庭承包土地经营权流转不断加快，但总体来看，一家一户小规模生产、分散化经营

的状况并没有得到根本性改变。据第三次全国农业普查数据①，2016 年，全国 2.07 亿户农业经营户中，小农户②占比 98.1%。世界银行把土地经营规模在 2 公顷及以下的农户称为"小土地所有者"，而中国农户平均土地经营规模只及这一标准的 1/3，是"超小规模"或"超小的土地经营者"③。所以，无论是用农业生产主体数量衡量，还是用经营规模计量，我国农业生产经营的市场集中度都非常低。

从流通领域看，近年来，新一代信息技术的加速发展，带动了农产品传统营销模式的变革，催生了"互联网 + 农产品营销"的新型商业模式。京东、天猫、淘宝等众多电商平台，中国农业信息网，亿农大市场、中国农产品网等搜索网站，以及重庆咖啡交易中心、美菜、一亩田等一批专业性的查询网站和电子商务平台，为农产品营销模式的多渠道发展提供了可能与商机，推动形成了以"农批零"为主渠道，农超对接、电子商务等为补充的农产品流通格局。但总体而言，目前我国农产品网络营销和电子商务还处于初级阶段，最基本的农产品流通模式仍然是产品集散、现货交易，最重要的农产品营销渠道仍然是集贸市场和小型农产品批发市场。2019 年年底，全国有各类农贸市场近 40000 家，农产品批发市场超过 4500 家，农产品批发市场在农产品批发交易中的市场占有率高达 65% 以上，在农产品营销体系中占据主导地位。但具有价格形成机制的大型农产品批发市场数量较少，其中亿元以上农产品批发市场仅 1430 家④，多数农产品批发市场以场地、设施出租为主要收入，功能单一、手段落后，是实际上的"大市场、小业户"格局。

虽然生产、流通主体众多，但其规模极小，市场份额极度分散，因此我国农业市场结构呈现出明显的完全竞争特征。这种完全竞争的农业市场结构不仅导致难以从生产手段、流通渠道等方面抵御自然灾害，生产成本和交易成本难以降低，农业效益和市场竞争力难以提高，而且容易导致

---

① 数据来源：《第三次全国农业普查主要数据公报（第 1 号）》，国家统计局，2017 年 12 月 14 日。

② 小农户指在农业普查中低于规模化标准的农业经营户。

③ 蔡昉：《遵循经济发展大逻辑 深化农业供给侧结构性改革》，载《中国社会科学报》2016 年 11 月 16 日，第 8 版。

④ 财政部经济建设司：《坚决贯彻党中央决策部署 谱写财政支持经济建设新篇章》，载《中国财政》2021 年第 14 期，第 15 – 18 页。

"小农户"与"大市场"的矛盾。由于农业市场份额极度分散，单个农户或营销商无力控制市场价格的变化，在市场交易中处于弱小无力状态而成为价格的被动接受者。在低收益且不稳定、波动且风险大的市场竞争中，数量庞大的小农户、小经销商生产经营会呈现出短期无序、长期固化的演进特征，因此各类农产品生产规模和价格在短期内波动较大，这种千家万户、瞬息万变的农产品需求大市场的存在，使"买难""卖难"和"多了多了""少了少了"等农产品供求困境较难解决。

（二）非对称性的农业市场结构引致供应链梗阻，从而导致农业加工产品、服务产品供给不足

从农业生产部门分析，我国农业生产部门具有低市场集中度和超小规模的特征，这种特征在不同区域、不同农业生产部门中表现不一。一般而言，北方地区和发达地区市场集中度和经营规模高于南方地区和欠发达地区，就全国范围来说，农业种植业市场集中度和经营规模最低，林业最高，牧、渔业居中。尽管我国农业有现存的土地、技术、资本、制度等进入壁垒，但由于种养业本身没有多少垄断性生产技术，只要拥有适量的土地，无须太多投资即可开始生产，就进入壁垒的总体水平或经济壁垒高度以及进入成本而言，种养业的进入门槛较低。因此，农业生产部门具有低集中度与低进入壁垒的市场结构特征。

从农业产业链分析，农业产前阶段关联行业主要有科技推广、信息服务，以及种业、农机、化肥、农药、电力等生产与供应行业。就整个产前行业的市场结构来看，尽管产前行业集中度有高有低，进入有难有易，但相对于种养业的低集中度、超小规模和低进入壁垒而言，都具有较高集中度、较大规模和较高进入壁垒的特征，在市场交换中处于支配地位，种养业生产者在某种程度上只是生产资料市场价格的被动接受者。例如在种子行业里，专利的控制使得一些优质品种的市场结构接近寡头垄断，其中杂交种子和一些转基因品种就非常明显。从产后阶段关联行业看，主要有农产品加工业、仓储运销业、金融保险等服务行业。显然，相对于种养业的分散性、小规模和低进入壁垒，产后阶段的服务行业也具有较高集中度、较大规模和较高进入壁垒的市场结构特征。

现代种养业离不开产前产后交换而独立存在，种养业与上下游关联行业市场结构的非对称性使得市场无法自发地通过价格信号优化资源配置和

保证有效的市场交易，导致作为加工业原料供应商或作为农业生产资料购买商的种养业生产者在市场交易中长期处于一种弱势地位，只能成为价格的接受者。这不仅造成种养业生产部门的收益率长期处于较低水平和自身积累能力差，而且导致其与关联行业的耦合性差，从而使农产品供给产业链协同受阻，或产业链环节缺失。由此，我国农村经济发展强调的"一产接二连三"进展缓慢，农业从第一产业向第二、第三产业延伸的程度有限。[①] 农业产业链条"短""弱""缺"，在进一步加剧初级农产品供求矛盾的同时，也使农业加工产品和服务产品难以满足消费市场的需求。

三、以传统要素为主、技术扩散滞后的农业投入结构引致要素错配低效，进而导致农产品供求适配性差

在农业供给结构的形成与演进过程中，农业要素的结构性整合是农业供给结构发育的基础。而技术进步作为内生力和"倍增器"，通过影响要素结构的质量和组合效率来影响和推动农业供给结构的演进。始于20世纪90年代的农村剩余劳动力顺应工业化生产潮流向城市的大流动，在很大程度上缓解了人口对耕地的压力，在农村改革和科技进步的共同作用下，推动我国农业发展不断迈上新台阶。但21世纪以来，农业要素投入出现"两个逆向变化"，即剩余劳动力的退出与资本、技术等要素的进入不同步，高素质农业劳动力转移与新型农业经营主体的成长不同步。[②] 特别是信息、技术等现代要素进入困难，对传统要素替代不足，对资源要素配置"倍增"驱动不足，导致我国农业全要素生产率增长缓慢，农业发展只能长期拼资源、拼消耗[①]，进而引致我国农业生产结构演化的低层次与同质化，最终绿色化、品牌化、高端化的农产品消费需求难以被满足和实现。

---

① 谢艳乐、祁春节：《农业高质量发展与乡村振兴联动的机理及对策》，载《中州学刊》2020年第2期，第33–37页。

② 涂圣伟：《我国农业供给结构失衡的根源与改革着力点》，载《经济纵横》2016年第11期，第108–113页。

（一）以低素质劳动力为主的农业投入结构引致要素配置扭曲，从而导致绿色、优质农产品难以满足品质化、个性化的消费需要

一般而言，农业生产要素包括以土地为代表的农业自然资源、劳动、资本、技术等，其中又以土地、劳动、资本为最基本的农业生产要素。改革开放40多年来，工业化、城镇化的快速发展深刻改变了我国工农格局与城乡格局。2019年，我国常住人口城镇化率已达到60.6%，较1978年增加了43.7个百分点，但农业劳动力占全社会总就业劳动力的比重仍高达25.1%，农村仍然存在过多的剩余劳动力，特别是老龄、低素质的农业劳动力。据第三次全国农业普查主要数据公报①，2016年，我国农业生产经营人员中，从年龄来看，35岁及以下的占19.2%，55岁及以上的占33.6%。从受教育程度来看，高中或中专学历的仅占7.1%，大专及以上学历的仅占1.2%。大量低素质的农业劳动力集中在相对稀缺的土地资源上开展生产，且人均土地资源极其有限，为了在有限的土地资源上获得更多的产出，大量的事实上存在兼业身份的农户会倾向于选择产量高、易于管理的品种进行种植，并依靠在"一亩三分地"上进行多季轮作，来达到舒尔茨所言的经营效率。因此，这种以劳动力特别是低素质劳动力为主的农业要素投入结构，引致我国农产品同质化严重，"大路"产品、普通低端产品多，而特色产品、优质高档产品少，难以满足城乡居民农产品消费多元化、个性化、品质化的需要。

同时，在以劳动力为主的要素投入结构主导下，建立在大规模种养基础上，以机械化、标准化、精确化为目标的技术投入和资本投入难以增加，围绕增加绿色、优质农产品供给来创新种质资源、改善生产条件和提升生产力水平难以实现，分散化的小规模经营农户只能通过增加劳动和化肥、农药等可分散利用的中间品投入来提高产量。自20世纪90年代以来，我国农作物的化肥、农药施用强度就越过了国际公认的化肥施用安全上限（225千克/公顷）。2015—2019年，尽管我国化肥使用量减少了10.3%，但2019年化肥使用强度仍然达到325.7千克/公顷，化肥施用对

---

① 数据来源：《第三次全国农业普查主要数据公报》，国家统计局，2017年12月14日。

粮食增产的贡献率高达40%以上。[①] 农药使用量减少了23.4%，强度达到8.8千克/公顷，仍然超过7千克/公顷的世界平均水平。这种要素投入结构形成了我国农业发展高消耗、高污染、低效益的粗放型增长模式，而且由于农业生产过程中过度依赖资本品要素投入，尤其是化肥、农兽药、饲料添加剂等的过度和超标使用，农产品质量安全面临挑战，绿色、生态、健康农产品供给短缺。

总之，大量的农业剩余劳动力束缚在有限的土地资源上，形成了以劳动力为主、可分散物质资本品投入为辅的农业要素投入结构，这种结构在较长的时期内呈现较强的稳态性，成为我国农产品结构演化同质化和化学化的重要原因，使得绿色、品质农产品供给不能满足城乡居民消费升级的需要。

（二）技术扩散滞后引致要素配置低效，从而进一步加剧高档优质农产品和农业加工产品、服务产品供求失衡

技术进步作为农业增长和结构演进的内生变量和"倍增器"，是实现我国农业供给结构由匹配生存温饱型需求向匹配小康享受型需求转型的第一推动力。舒尔茨认为，要把传统农业改造成可以对经济增长做出重要贡献的高生产率的现代产业部门，唯有用高生产率的现代要素去替代已耗尽有利性的传统要素[②]。在速水佑次郎和弗农·拉坦的"诱导技术变迁模型"中，技术进步则被视为决定农业发展的基本力量。[③]

纵观我国的农业发展过程，自1985年推行科技体制改革以来，农业科技创新能力不断提升，引领农业现代化加速推进，2019年，我国农业科技进步贡献率已达到59.2%。但与发达国家相比，差距较大。目前，发达国家农业科技进步贡献率一般在70%以上，以色列则超过90%；我国农业信息化程度不到65%，而发达国家达到70%～80%[④]。经测算，

---

① 参见《农业部关于印发〈到2020年化肥使用量零增长行动方案〉和〈到2020年农药使用量零增长行动方案〉的通知》（农发〔2015〕2号）。

② ［美］舒尔茨：《改造传统农业》，梁小民译，商务印书馆2006年版。

③ ［日］速水佑次郎、［美］弗农·拉坦：《农业发展的国际分析》（修订扩充版），郭熙保等译，中国社会科学出版社2000年版。

④ 数据来源：《全国农业现代化水平评价报告》（2016年）、《中国统计年鉴》、《中国农村统计年鉴》、国家统计局、中国农业信息网。

2000—2019 年，中国农业全要素生产率（Total Factor Productivity，TFP）年均增长 4.59%（几何增长率，下同），但这一增长主要得益于技术进步变化（年均增长 6.22%），而技术效率则起到了反作用，年均下降 1.54%，这说明过去 20 年里，中国农业 TFP 增长表现为技术进步"单驱动"模式。进一步对技术效率变化进行分解，可以发现样本期内纯技术效率、规模效率和组合效率均处于下降状态，其中规模效率降幅最大，年均下降 0.84%，组合效率其次，年均下降 0.69%，纯技术效率年均降幅为 0.01%（见表 2-9）。

　　总体来看，由于技术扩散滞后，农业全要素生产率增长缓慢，农业投入要素质量和组合效率没有根本性提高。而这一投入要素结构又引致了另一个结果，即创新驱动农业供给结构合理化、高级化、生态化乏力，农业供给以低档次、低品质的初级产品为主，高档产品、优质产品供给缺乏，精深加工产品、服务产品供给不足，对我国农业供给结构转型升级匹配"小康享受型"消费需求形成障碍和制约。

表 2-9 2000—2019 年中国农业 TFP 增长率及其分解

单位:%

年份	TFP 增长率	技术进步变化 TPC	技术效率变化 TEC	纯技术效率 OTEC	规模效率 OSEC	组合效率 RMEC
2000/2001	1.0302	1.1271	0.9140	0.9756	0.9411	0.9954
2001/2002	1.0429	1.1285	0.9242	0.9926	0.9480	0.9821
2002/2003	1.0358	1.1234	0.9220	0.9907	0.9369	0.9933
2003/2004	1.0370	1.0012	1.0357	1.0083	1.0283	0.9990
2004/2005	1.0253	0.9705	1.0565	1.0002	1.0505	1.0054
2005/2006	1.0376	1.0284	1.0089	0.9983	1.0026	1.0080
2006/2007	1.0191	1.0387	0.9812	0.9990	0.9631	1.0198
2007/2008	1.0368	1.0181	1.0184	1.0101	1.0012	1.0070
2008/2009	1.1582	1.3041	0.8881	0.9891	0.9894	0.9075
2009/2010	1.0199	0.9735	1.0477	0.9927	1.0387	1.0161

续上表

年份	TFP增长率	技术进步变化 TPC	技术效率变化 TEC	纯技术效率OTEC	规模效率OSEC	组合效率RMEC
2010/2011	1.0228	1.0078	1.0149	0.9914	1.0224	1.0013
2011/2012	1.0302	1.0307	0.9995	0.9964	0.9872	1.0161
2012/2013	1.0342	1.0722	0.9645	1.0044	0.9651	0.9950
2013/2014	1.0404	1.1461	0.9078	1.0031	0.9170	0.9869
2014/2015	1.0323	0.9754	1.0583	0.9809	1.0728	1.0058
2015/2016	1.0759	1.1342	0.9486	1.0340	0.9742	0.9417
2016/2017	1.0665	1.0295	1.0359	1.0074	1.0344	0.9941
2017/2018	1.0644	1.0656	0.9989	1.0006	0.9923	1.0061
2018/2019	1.0705	1.0599	1.0101	1.0242	0.9915	0.9946
几何平均	1.0459	1.0622	0.9846	0.9999	0.9916	0.9931

注：①表 2 - 9 采用 Hicks-Moorsteen（HM）生产率指数法对 2000—2019 年中国农业 TFP 增长率进行测算。构建 HM 生产率指数的数学基本公式如下：

$$TFP_{ms,nt} = \left[\frac{D_O^t(x_{nt},q_{nt})D_O^s(x_{ms},q_{nt})}{D_O^t(x_{nt},q_{ms})D_O^s(x_{ms},q_{ms})} \times \frac{D_I^t(x_{ms},q_{nt})D_I^s(x_{ms},q_{ms})}{D_I^t(x_{nt},q_{nt})D_I^s(x_{nt},q_{ms})} \right]^{1/2} \tag{1}$$

式中：x_{ms} 和 q_{ms} 分别表示决策单元 m 在 s 时期的投入和产出向量；x_{nt} 和 q_{nt} 分别表示决策单元 n 在 t 时期的投入和产出向量；$D_I(x,q)$ 和 $D_O(x,q)$ 分别表示投入和产出距离函数；$TFP_{s,t}$ 即为从 s 期至 t 期的 TFP 变化率。

②表中各指数均为历年各省份 HM 生产率指数的几何平均数，最后一行所列平均值亦为各年份 HM 生产率指数的几何平均数。各指数结果大于 1 表示对应的指标是增长的，小于 1 则表示下降。各指数减去 1，即为相应指标的年均增长率。

第五节 中国农业供给结构失衡的调整优化方向

当前，我国农业供给结构失衡特征明显。究其原因，一是信息传导不畅、宏观调控失灵引致农业生产结构演进的滞后性和稳态性；二是低市场集中度、非对称性的农业市场结构引致农业市场完全竞争和供应链梗阻；三是以传统要素投入为主、技术扩散滞后的农业投入结构引致农业要素配置的扭曲与低效。由此，我国农业供给结构失衡的调整优化应主要围绕以下三个方面进行。

一、创新农业生产模式，优化农业生产结构

我国农业供给结构失衡的重要原因之一，是信息传导不畅、宏观调控失灵引致农产品生产结构演进相对于需求消费结构变化的滞后性和稳态性。因此，随着居民消费层次升级和对农产品"弹性"需求的增长，以农业生产模式创新实现农业生产结构优化成为农业供给结构调整优化的重心。即要以市场需求为"导航灯"，以供给瞄准机制革新和技术进步为手段，充分利用现代科技成果，破解农业信息渠道传导不畅和宏观调控失灵等问题，以增强农业供给适配需求、引导和创造需求的能力。

（一）以增强农产品有效供给为目标，推进农业生产布局合理化

在保障粮食等重要农产品供给安全的基础上，加快农业生产空间布局的调整，特别是要尽快补齐肉、蛋、奶、水产品等农业供给的最大短板，加快发展市场需求旺盛、适销对路的牛羊等食草动物以及饲料报酬率高的禽类和奶类生产，稳定发展生猪产能，积极发展海水、淡水养殖。推广农产品智能化、标准化、精细化和品牌化生产，扩大有效供给和中高端供给，促进农产品供给由注重数量增长向总量平衡、结构平衡并重转变。

（二）以创造农产品消费新需求为导向，推进农业生产体系复合化

突破农业仅仅或主要是从事初级农产品原料生产的局限性，加快推进农业与旅游、教育、文化、健康等产业的深度融合，加快发展农产品加工与流通、休闲农业与乡村旅游等农村第二、第三产业，使农业的功能由单一提供食物的经济功能向食物保障、生态保护、文化传承、休闲观光、旅游教育等复合功能转化，以更好地满足个性化消费和新兴消费的需要。

（三）以提升农产品质量安全为方向，推进农业生产过程绿色化

着眼保障农产品数量安全、质量安全和生态安全，加快发展精准农业和智慧农业，倡导有机农业、生态农业、循环农业的发展，推进农业资源利用节约化、农业生产过程清洁化和农业废弃物利用资源化。特别是要以化肥、农药"双减行动"为重点，探索实施激励机制，推进化肥、农药使用总量和使用强度逐步下降，减少农业面源污染，大力发展绿色食品、有机食品和区域地理标志农产品，以更好地满足城乡居民农产品消费绿色化、品质化的需要。

二、整合农业供应链，变革农业市场结构

现阶段，造成我国农产品供给与需求相悖或结构性失衡的重要原因之一，在于农业市场结构具有完全竞争和非对称性的特征。过低的市场集中度、农业与关联产业市场结构的非对称性，引致农产品市场过度竞争和供应链梗阻，进一步加剧了农产品供求结构的失衡。因此，整合农业供应链，实现农业市场结构解构再造成为我国农业供给结构调整优化的必然。即通过供应链整合与链接，建立起农产品供给的"点"（企业或合作社组织）、"线"（纵向链组织）、"面"（横向联合组织），形成农业产前、产中、产后有机联结和农业供应链系统内优化运转的现代农业经营体系和商业模式，进而实现"小农户"与"大市场"的有机衔接和农业供应链的协同高效，最终实现农业供给与消费的市场均衡。

（一）以"点"串"线"连"面"构建现代农业供应链

通过土地流转、合作经营、社会化服务等，构建以家庭经营为基础、以合作为纽带、以社会化服务为支撑的现代农业生产经营体系，实现农业生产经营横向一体化，促进农业由分散经营向规模化经营转变。以龙头企业为核心，加快建设集生产、加工、流通、服务于一体的发展联合体，推进农业纵向一体化，使不确定的外部市场交易通过内部组织行为更加稳定。培育壮大农业龙头企业、合作组织、物流企业、金融企业、电商平台等农业供应链核心主体，支持核心企业发挥品牌、信息、管理、渠道、技术等方面的优势，对农业供应链实施组织流程再造，打造完整的农业供应链，构建稳固的集成化、现代化农业供应链体系。

（二）以组织模式、运行机制创新推动供应链协同耦合发展

大力发展"公司＋基地（园区）＋农户""公司＋合作组织＋农户"等农业经营组织模式，培育与扶持一批创新能力强、品牌影响力大的核心企业，鼓励核心企业以信息链、价值链整合供应链，通过联合研发、交互许可、交叉持股、供应商契约等方式，将农业科研、生产、加工、流通等各环节整合为更加紧密的利益共同体。支持核心企业以"共商、共赢、共享"为理念，处理好供应链上各主体之间的关系，实现利益共享和风险共担，充分调动起各类经营主体的积极性。特别是要鼓励核心企业以产权关系、契约关系或管理关系为纽带，通过订单农业、合同契约、股份合作、二次分配等方式来保护农户权益，以实现农业供应链上下游的协调和平衡、各环节的互促与契合，使农业与其关联产业的非对称性市场结构问题随农业供应链的"直通车"而缓解。

（三）以流通渠道、商业模式变革提升供应链系统绩效

建立健全农产品现代流通体系，大力发展以区域性大型批发市场、专业仓储物流中心和物流配送龙头企业为主导的农产品快速流通渠道，发展切合现代消费习惯的农超对接、农餐对接、农宅对接等新兴流通渠道，发展网络营销和以电子交易为核心的大宗农产品现货、期货交易市场。利用大数据、云计算、物联网、5G等现代信息技术的信息传递"跨界、无损、前瞻"与技术扩散溢出性、平台化等特性，对包括农资农技供应，

农产品生产、加工、流通和农业管理服务等全过程的农业产业链进行改造与提升，通过农产品从生产者到消费者全程的"电化"和"网化"，以及B2B、B2C、C2C、B2B2C、O2O等新兴业态对传统农业交易流通方式的整合再造，解构重塑农业供应链和商业模式，降低农产品的生产成本和流通成本，促进农产品供求均衡与供应链绩效整体提升。

三、提升全要素生产率，升级农业要素结构

生产要素投入结构决定经济增长方式和效率。传统农业向现代农业转型的过程，本质上是现代农业生产要素不断引入和重新组合配置的过程。[①] 目前，我国农业投入要素中，水、土等资源要素已经绷得很紧，剩余劳动力过多且素质不高，化肥、农药等使用过量，科技支撑能力与发达国家相比仍有较大差距。技术扩散滞后、要素质量和组合效率没有得到根本性提高，是造成我国农产品总量增长与质量提升不同步、供给与需求不匹配的根源所在。因此，以全要素生产率提升实现农业要素投入结构升级成为农业供给结构调整优化的关键。即要充分利用现代科技成果，促使科技与生产力的其他要素有机结合，推进土地、资本、劳动、生态资源等要素配置方式和使用模式创新，在改进和完善生产工具、扩大和扩展劳动对象中，优化和扩张生产力系统的功能，最终实现农产品总量与质量的同步提升、农业供给与需求的动态平衡。

（一）全面激活和有效配置土地资源

加大改革试点力度，综合推进和联动农村"三块地"改革[②]。尽快完成农村土地承包经营权、宅基地使用权等确权登记颁证，确保农户土地承包关系长久不变政策落地。扶持发展土地流转、土地托管、土地入股等多种形式的适度规模经营，鼓励引导农民通过互换或流转等方式解决承包地

---

① 涂圣伟：《我国农业供给结构失衡的根源与改革着力点》，载《经济纵横》2016 年第 11 期，第 108 – 113 页。

② 农村"三块地"改革指的是农村土地征收、集体经营性建设用地入市、宅基地管理制度改革。2015 年 1 月，中共中央办公厅、国务院办公厅联合印发《关于农村土地征收、集体经营性建设用地入市、宅基地制度改革试点工作的意见》，在全国 33 个县（市、区）部署农村土地制度改革试点工作。

细碎化问题。特别是要充分利用现代信息与通信技术发展"云农场""共享农业"等新业态、新模式，整合与分享分散化的土地等农业闲置资源，实现土地资源配置效率提升和土地规模效益。

（二）加快培育现代农业新型经营主体

充分利用现代科技成果，特别是"互联网＋"等新一代信息技术，大力开展农村农业发展需要的职业教育、科技培训和乡村科普活动，提高农业劳动力科学素质和职业技能，培育现代新型职业农民。进一步加大"新农人"政策支持力度，扶持与现代农业发展要求相适应的种养专业大户、家庭农场和生产服务专业户，加快发展农民专业合作社、专业协会和农业龙头企业，形成家庭经营、合作经营、公司经营有机结合的现代农业经营体系。

（三）积极推动金融资本下乡进村

进一步完善农业金融、保险政策，建立健全农业信贷担保体系，推动金融资源向农业农村流动，破解农业贷款难、贷款贵、保险少等问题。消除对工商资本下乡的歧视性政策，赋予工商资本进入或退出农业领域更多自由选择权，减少工商资本下乡租赁土地面积、使用时间等的限制。同时，加快发展农业数字金融，通过大数据征信和互联网平台实现农业资本风险控制，通过微型贷款和电商平台下沉投融资渠道，推进农业资本配置手段和使用模式创新。

第三章 数字技术驱动农业供给结构优化的机理分析与实证检验

本章将数字技术的信息优势、技术优势和网络优势与农业供给结构演进的内在运行规律相结合，从基础条件、作用维度、组织模式、动力机制、作用方式、响应过程等方面，研究探索数字技术驱动农业供给结构优化的内在作用机理，并尝试建立双向固定效应面板 Tobit 模型，利用 2011—2019 年中国 29 个省、自治区、直辖市（不含西藏、上海及港澳台地区）的平衡面板数据，进一步实证检验"数字技术"因子对"农业供给结构优化"变量的作用效应，以期为供给结构失衡的中国农业数字化优化路径建构探寻理论支撑与科学依据。

第一节 数字技术驱动农业供给结构优化的作用基础与作用维度

21 世纪初，在世界范围内爆发了新一轮科技革命。大数据、云计算、物联网、移动互联网、人工智能等新一代信息与通信技术的突破，将数字经济范式带入新的发展阶段，以前所未有的深度和广度重组产业体系，重构经济社会结构。数字技术日益成为创新驱动发展的先导力量和新经济发展的引擎，为我国农业的跨越式发展和结构调整优化带来了历史性机遇。

一、数字技术驱动农业供给结构优化的作用基础

第二次世界大战后，世界上第一台电子数字式计算机 ENIAC 诞生，掀开了信息时代的新篇章。此后，互联网、PC、万维网等的出现，加速

推进信息科技革命和产业变革。近年来，以 5G、云计算、大数据、物联网、人工智能等为代表的新一代信息技术突飞猛进，与产业实体在更大范围、更宽领域、更深层次加速融合，催生社会生产生活方式发生颠覆性变革，驱动数据资源指数级增长和裂变式衍生，一个全新的数字时代已然来临。数字技术与传统农业的深度融合，推动农业生产方式、商业模式、要素配置等变革，开启我国农业供给结构转型升级的新模式。

（一）数字技术的基本内涵与经济范式特征

1. 数字技术的基本内涵

简而言之，数字技术是一项与电子计算机相伴相生的科学技术，指借助一定的设备，将各种信息（包括图、文、声、像等）转化为计算机可以识别的二进制数字"0"和"1"后进行运算、加工、存储、分析以及传递的技术。2006 年开始，在世界范围内爆发了新一轮科技革命，形成了云计算、大数据、人工智能、区块链、物联网、移动互联网等新一代信息与通信技术。新一代信息与通信技术自身的发展壮大以及通过价值网络向整个经济系统的渗透、融合，最终形成了我们称之为"数字经济"的新经济形态。因此，当今时代的数字技术是由云计算、大数据、人工智能、区块链、物联网、5G、VR、AR 等众多技术构成的智能技术集群[1]，包括现代信息与通信技术众多细分领域和大量细分技术。

2. 数字技术—经济范式特征

布莱恩·阿瑟（W. Brian Arthur）指出："经济涌现于它自身的安排和自身的技术，经济就是它自身技术的一种表达。"[2] 在《复杂经济学》一书中，布莱恩·阿瑟对新经济形成的"算法"过程做了进一步诠释：首先新技术出现，进入现有的技术集合；进一步，新技术代替旧技术集合中的部分；新技术带来了新元素，即附属的支持性技术和组织安排，并提出了新的机会利基；旧技术退出，相关附属需求也退出，附属需求带来的机会利基也会消失；未来技术或未来元素的组件等新要素变得活跃；经济

---

① 杨青峰、李晓华：《数字经济的技术经济范式结构、制约因素及发展策略》，载《湖北大学学报（哲学社会科学版）》2021 年第 1 期，第 126－136 页。

② ［美］布莱恩·阿瑟著：《复杂经济学：经济思想的新框架》，贾拥民译，浙江人民出版社 2018 年版，第 55 页。

活动必须调整来适应前面的这些变化，相应的制度也会变化，从而最终涌现出新经济。① 云计算、大数据、人工智能等智能技术群驱动传统经济向数字经济转型的过程，实质上就是布莱恩·阿瑟复杂经济学理论的现实演绎。现代信息通信技术群与经济活动融合，通过复杂经济学所描绘的经济与技术互动过程，最终展现出重构旧经济并形成新经济的强大力量。②③由此，数字技术—经济范式特征就是以大数据、人工智能、移动互联网、云计算、区块链等现代信息与通信技术群为支撑，进行数字技术与经济社会活动的深度融合，实现"技术—经济模式、产业结构优化"变迁与扩散，最终达到经济效率提升和结构优化的目的。

（二）驱动我国农业供给结构优化的关键数字技术

在我国农业领域，目前主要有物联网、大数据、云计算、移动互联网、人工智能、空间地理信息系统以及区块链七大关键数字技术的应用，其应用场景及对我国农业供给结构优化的作用有以下七个方面。

1. 物联网

物联网（Internet of Things）通常是指通过信息传感设备及其他基于物—物通信模式的短距无线自组织网络，把物体与互联网相连接进行信息交换和通信，以实现对物体的智能化感知、识别、定位、跟踪、监控和管理的一种巨大智能网络。④ 物联网在农业领域的应用，推动农业发展方式转变，促进农业生产、经营、管理、服务智慧化、精准化和生态化，使农业资源要素更加合理有效配置，农业产品和服务数量、质量大幅提升，从而提高农业供给效率、效益和竞争力。

2. 大数据

大数据技术（Big Data）是指对海量数据进行采集、存储和关联分

---

① ［美］布莱恩·阿瑟著：《复杂经济学：经济思想的新框架》，贾拥民译，浙江人民出版社 2018 年版，第 32－56 页。

② 黄群慧、贺俊：《"第三次工业革命"与中国经济发展战略调整——技术经济范式转变的视角》，载《中国工业经济》2013 年第 1 期，第 5－18 页。

③ 李晓华：《数字经济新特征与数字经济新动能的形成机制》，载《改革》2019 年第 11 期，第 40－51 页。

④ A. C. Sarma, J. Girão, "Identities in the Future Internet of Things," *Wireless Personal Communications*, 2009, 49 (3), pp. 353－363.

析，并从中挖掘新信息、创造新价值的新一代信息技术。[1] 大数据技术在农业领域的应用，主要包括农业环境与资源领域，农业生产、经营、流通、管理等领域的大数据收集、分析与挖掘，以及数据的可视化等。随着大数据技术的不断发展及其与农业的加速融合，农业大数据正成为我国农业转型升级的新型资源要素，在把握农业生产、流通、交易等基本规律，提升农业生产效率和资源要素利用率，建立稳定的农产品供需双方信任关系，实现农业供给与市场需求的精准对接，提升政府宏观调控和管理决策能力等方面发挥着越来越重要的作用。

3．云计算

云计算（Cloud Computing）通常是指利用互联网和分布式计算，将信息处理能力整合成以大规模、可扩展的方式为多个外部用户提供服务的一种计算方式。云计算与大数据的融合发展，及其在农业生产、经营、管理和服务等方面的创新应用，能够实现农业决策综合数据分析、农业生产过程智能监测控制、农产品质量安全追溯管理和农业综合信息服务等功能，提高农业资源要素的利用效率和农业生产精准化、智能化水平。

4．移动互联网

移动互联网（Mobile Internet）是指以宽带 IP 为技术核心，将移动通信与互联网合而为一，提供语音、数据、图像、多媒体等电信服务的新一代开放的电信基础网络。[2][3] 目前，移动互联网正快速渗透农业领域，随着 5G 技术的跨越式发展和微信、支付宝等的广泛应用，移动互联网成为社会生产生活中最具创新活力和最具市场潜力的新型业务模式，深刻改变着传统农业的生产经营方式，给我国农产品流通和交易注入了新的生机与活力。

5．人工智能

人工智能（Artificial Intelligence）是研究开发用于模拟、延伸和扩展人的智能的理论、方法、技术及应用系统的一门新兴的计算机科学。[4] 人

---

① 王小兵、康春鹏：《聚焦聚力　推进农业大数据发展应用》，载《经济日报》2018 年 1 月 11 日，第 15 版。
② 王江汉：《移动互联网概论》，电子科技大学出版社 2018 年版，第 1–20 页。
③ 王红梅：《移动互联网现状与趋势浅析》，载《电信科学》2011 年第 S1 期，第 74–79 页。
④ 汪凤炎、魏新东：《以人工智慧应对人工智能的威胁》，载《自然辩证法通讯》2018 年第 4 期，第 9–14 页。

工智能在农业中的渗透与应用，主要体现在农业智能装备及机器人、虚拟现实技术应用等方面。农业智能装备及机器人主要包括智能农机具、农业智能仪器设备和采摘、除草、喷药、饲喂机器人等。虚拟现实技术在农业中的应用主要有虚拟育种、虚拟施肥、虚拟剪枝等。人工智能技术有利于提高农业劳动生产率和农业资源的利用率，降低生产成本，减少对环境的污染。

6. 空间信息技术

空间信息技术（Spatial Information Technology）也称"3S"技术，是指以现代探测与传感技术、摄影测量与遥感对地观测技术、卫星导航定位技术、卫星通信技术和地理信息系统等，研究地球空间目标与环境参数信息的获取、分析、管理、存储、传输、显示、应用的一门综合集成信息科学技术。[①] 空间信息技术主要应用于农林资源调查、土地利用动态监测、农作物长势监测与估产、农业病虫害监测等方面，是现代农业精准作业、智慧生产的技术支撑。

7. 区块链

区块链（Blockchain）是基于分布式数据存储、点对点传输、非对称加密、共识机制、智能合约等计算机技术的分布式数据存储系统和共享账本。[②] 区块链的应用场景主要是解决信息不对称、中间环节多、交易过程不透明等问题，以提高交易透明度，促成信用履约，为多主体之间协作信任与一致行动提供解决方案。区块链技术与农业物联网、大数据等多技术相结合，为农村土地流转、农产品质量追溯、新一代农业电子商务体系建设、农村金融保险服务等提供技术手段与解决方案。例如，利用区块链技术能够实现"点对点"农产品电子商务和"公共自由市场"，由于交易双方不通过中间平台，结算过程真实透明，支付直接以电子货币进行，个人信息通过区块链的非对称加密技术进行控制和保护，因此能有效避免刷单炒信、线上支付与线下交付信息不对称等问题。

---

① 宁津生、王正涛：《测绘学科发展综述》，载《测绘科学》2006 年第 1 期，第 9 - 16 页。
② 朱思柱、张萌：《区块链技术在农业农村中的应用与对策研究》，载《中国农机化学报》2021 年第 7 期，第 170 - 176 页。

二、数字技术驱动农业供给结构优化的作用维度

数字技术驱动农业供给结构优化，可以从以下两个维度嵌入并产生作用。

（一）数字技术 + 农业产业链

农业产业链涉及农业生产、经营、管理和服务四个环节。将现代信息与通信技术嵌入农业全产业链，进行智能化生产、网络化经营、数据化管理和在线化服务，是实现农业供给结构优化的切入点和突破点。

1. 数字技术 + 农业生产

在生产环节，主要是广泛应用物联网、大数据、云计算、人工智能、空间信息等数字技术，提高农业生产设施与装备的数字化、智能化水平，发展精准农业和智能农业等。重点是按照"全系统、全要素、全过程"要求，将物联网应用从动植物生长环境感知向生长控制深入，建立"感知—传输—处理—控制"的闭环应用，提高大田种植、设施园艺、畜禽水产养殖等农业生产的精准化、智能化、生态化水平，通过按需控制和精细管理，实现农业生产的节本增效和质量控制、品牌生产。

2. 数字技术 + 农业经营

在经营环节，重点是利用移动互联网、大数据、区块链等数字技术，构建以农业电子商务为核心、覆盖农村、惠及农民的现代农业经营体系。重点是发展农产品电商、农资电商以及乡村旅游和休闲农业电子商务，特别是提高鲜活农产品电子商务水平，畅通流通渠道，对接供需市场，更好地满足和激发消费需求。同时，利用现代信息与通信技术提高农民专业合作社、龙头企业的信息化、网络化、数字化水平。

3. 数字技术 + 农业管理

在管理环节，主要是利用大数据、云计算、区块链等数字技术来提升农业管理效率。重点是建立起涵盖电子政务、应急指挥、监测预警、质量追溯、数据调查等领域的农业政务管理体系，建立健全农业数据调查分析系统，全面建立农产品质量安全追溯体系和信用体系，尽快实现农业行政管理的在线化和数字化。通过数据共享和业务协同，提高农业主管部门在生产决策、资源配置、指挥调度等方面的管理水平和行政效能。

4. 数字技术 + 农业服务

在服务环节，主要是利用大数据、云计算等现代信息与通信技术解决农村信息服务"最后一公里"问题，实现农业服务的及时高效、灵活便捷。重点是借助数字化平台与技术，使农户、农业企业等各类农业生产经营主体可以及时、准确、高效地获得各种技术、市场、要素信息服务，同时借助数字金融、区块链等，使金融资本更好地服务"三农"。

（二）数字技术 + 农业生产要素

农业生产要素主要有土地、劳动、资本等资源要素，农机、电力等生产工具，化肥、农畜药、种子种畜等生产资料，以及信息数据等。现代信息与通信技术与农业生产要素的结合，是数字技术驱动农业供给结构优化的基础和落脚点。

1. 数字技术 + 土地

土地是农业生产不可或缺与替代的生产资料。我国人多地少，土地经营小规模化、分散化特征明显。"数字技术 + 土地"把一家一户的土地数据化、在线化，以"农场云"的方式虚拟流转，实施"耕地云"管理，可以有效解决耕地闲置和小规模分散问题，大幅提高土地利用率与规模效益。在我国，目前主要是利用数字技术构建土地管理平台，实现土地确权和耕地流转在线管理等。

2. 数字技术 + 农业劳动力

劳动是一切社会存在和发展的最基本条件。数字技术同步快速、灵活便捷、虚拟现实、高覆盖、低成本等优势，为提升农业劳动力素质和培育新农人提供了新的手段与高效路径。例如，以数字技术和数字平台为手段与媒介，开展远程广播、电视等网络教学，或结合音频、视频等开展现场种养技术、市场信息、农业政策等培训。

3. 数字技术 + 农业资本

长久以来，融资难、融资贵的问题一直是我国现代农业发展的重要瓶颈。利用大数据、区块链等数字技术和数字平台，将金融服务嵌入农村经济领域，全方位地为农业产业链上的节点企业和农户提供融资服务，并利用数字技术即时、高效、低成本的特点和优势，使农村的资金流快速流动、信息流快速传播，可以在有效缓解农户、农业企业融资难、融资贵的同时，提高农业金融的配置和使用效率。

4．数字技术＋农业生产资料

农业生产资料主要有种子种苗、化肥、饲料、农兽药等。移动支付、大数据分析等现代信息与通信技术驱动农资生产和流通变革，催生产品直销、以销定产、按销定制等新兴生产模式和农资电商等新兴流通渠道。同时，利用数字技术建立种业溯源系统、种业 ERP（企业资源计划）、种业大数据平台等，可为种子企业、农户和渠道商提供种业信息服务。

5．数字技术＋农机农具

数字技术与农业生产工具的结合，能够推动农业生产装备、设施升级换代，实现农机、农具数字化、智能化。同时也能推动生产工具作业模式创新，在科学调度、跨区作业，以及大型化、精准化复合作业等方面为农业生产经营提供解决方案。

6．数字技术＋农业信息

农业信息是农业资源的抽象。农业信息无处不在，无时不有，但杂乱无章的农业信息不能构成有效资源，必须经过加工处理、开发组织，将农业信息有序化。数字技术将零散、无序的农业资源信息进行筛选、解构、重组，使之有序化，能够解决农业信息的不对称、不完全和农业信息化的数字鸿沟、马太效应等问题，使农业信息价值增值，为农业带来更多的发展机会。

第二节 数字技术驱动农业供给结构优化的组织模式与动力机制

作为一种新兴的技术—经济范式，数字技术跨界农业，通过引入扁平化、网络化、透明化、去中心化和灵活快捷、开放协作的组织模式，激励约束、利益共享、风险共担的动力机制，连通市场、政府、企业及农户等各类主体，打通农业生产、经营、管理、服务等各个环节，使得农业供给系统内各参与主体间紧密相连和高效协作，各因素间相互作用、相互平衡，从而使农业供应链做大做强，农业价值链得到提升，最终保障农业供给结构调整优化各项活动和目标任务的顺利进行与有效实现。

一、数字技术驱动农业供给结构优化的组织模式

作为一种革命性的产业组织模式,"数字化"构建了一个生产者、消费者、平台企业、科技机构和政府等多主体参与、互利共赢的良性生态系统,系统内各主体通过专业化经营与全面合作,架构起供需市场的桥梁,推动技术进步与制度创新,为农业供给结构调整与优化提供保障。

(一)扁平化、灵活快捷的组织模式促进信息交互

数字技术跨界农业,其扁平化、灵活快捷的组织模式使得农业供给体系中的平台企业可以打通农业生产、加工、流通、交易等各个环节,突破时空限制实现农业资源、科技、人才、政策、市场等信息的随时随地互联互通、农业生产者和消费者的实时对接交流互动。通过建立起最快速度、最短距离、最少环节、最低费用的农产品供应链,农业生产者可以及时有效掌握农产品需求、价格等市场信息,在农产品生产之前锁定市场,或在生产之前就与消费者进行信息互通与交流互动,通过定制、众筹、订单或体验农业等形式,实现农产品供给与需求的精准对接。消费者则从过去的"信息盲区"角色转变为农业生产经营过程中的参与者,不仅可以便捷灵活地获取各种农产品供给信息,及时获得农产品消费的物质和精神享受感,而且可以与多方实现有关品种、要素投入、收获日期等生产全过程的信息共享,消费者新的需求、欲望或消费理念被激发。由此,由信息鸿沟和市场传导机制失灵引致的农业供求结构失衡和效率低下等问题将有效缓解。

(二)网络化、开放协作的组织模式推动技术进步

数字技术跨界农业,作为内生变量,通过数据化、实时化、在线化、智能化等手段推进技术进步,在改进和完善农业生产工具、扩大和扩展农业劳动对象、合理配置和优化调度农业生产要素中,实现农业供求均衡、市场高效、产业协调和可持续发展,成为农业供给结构演进与优化的新引擎。同时,通过网络化、开放协作的组织模式和思维方式影响农业供给系统内各参与主体,通过对市场、产品、用户、价值链、商业生态等进行重新审视,打通市场、政府、企业及农户等各个环节,实现农业供给各主体

之间由"垂直关系"向"网络关系"的转变。在此过程中，龙头企业、平台企业、科技机构、政府等将趋向于通过网络化协同创新平台，以开放、合作的创新模式整合系统内、外部资源，实施深度合作和迭代式创新，以提高创新效率和增强对消费市场的快速反应能力。由此，农业创新体系将不断完善，创新的广度与深度将不断拓展，进而对农业供给结构调整优化产生极为重要的影响。

（三）去中心化、透明化的组织模式推动制度创新

数字技术跨界农业，其去中心化、透明化的组织模式避免了产生官僚主义和僵化体制的组织基础。小团队、扁平化、开放平等，使得整个农业供给系统中的各个主体在沟通上更加便捷，在遇到问题时，能灵活及时地提出解决方案，避免繁杂的处理程序，使得整个系统的运作更加顺畅。这也倒逼农业供给系统内部基于不同业务及功能模块的部门"小微企业"化，发挥其自主经营、自主决策的权利和优势，避免大而全、等级分明的"大企业病"。同时，数字技术高速、高频的信息流，打破了信息鸿沟和信息不充分、不对称的"黑箱"，提升了农业供给系统和各主体行为的透明度，推动政府顺势而为进行政策设计与制度创新，通过制定合宜的产业政策来规范约束参与主体的行为，并建立起快速响应、协作共享、约束激励的运行机制，确保整个系统的协调高效运营。因此，数字技术嵌入农业，去中心化、透明化的组织模式有利于制度创新，是凸显数字技术驱动农业供给结构优化的重要特征。

二、数字技术驱动农业供给结构优化的动力机制

动力机制是指推动系统运动与发展的特殊的激励、约束关系。[①] 按照"动因—行为"内在逻辑，数字技术驱动农业供给结构优化的动力机制主要有内生动力机制、外生动力机制和运行动力机制。

---

① 陆文聪、胡雷芳、祁慧博：《知识密集型产业集群发展动力机制模型构建——基于人力资本集聚的视角》，载《科技进步与对策》2013 年第 5 期，第 65 – 68 页。

（一）价值实现与创造的内生动力机制

农户、涉农企业等作为农业供给体系中最重要的主体，其最大动机与目标是获得自身经济利益。数字技术跨界农业，以创新链赋能农业供应链，实现和创造农业价值链，在有效激励农业供给主体的同时，也为驱动农业供给结构调整优化的顺利进行和目标实现提供内在动力保证。

1. 降低农业自然风险与市场风险

农业兼有的自然风险与市场风险，在一定程度上削弱了农业供给主体参与农业生产的积极性。作为一种革命性的产业发展模式创新，数字化推动传统农业生产方式、商业模式变革，为解决我国农业低效和农民增收等问题提供了新模式和新路径。在生产阶段，数字技术突破传统农业生产局限，深化人们对自然规律、经济规律的认识，极大地提高了农业劳动生产率，最大限度地规避了自然风险；在流通阶段，数字技术融通供给与需求，对接农户与市场，短渠道、零库存、低成本的流通模式，最大限度地降低了农业市场风险。因此，数字技术向农业领域的渗透，通过预期收益甚至超额利润，有效激发了农户和涉农企业等农业供给主体的积极性，使农业投资回收期长、短期经济效益不明显、生产经营主体对农业投入意愿不足等问题得到明显改善。

2. 实现与创造农业价值

数字技术促进要素合理利用和高效配置，如"耕地云""土地网"实现农地资源高效利用，数字金融有效解决农业信贷额度小、资金分散等问题，大数据分析有效化解农业保险险种少、赔付率高等矛盾，从而有效降低农业生产经营成本，增加农业生产经营收益；数字技术深化人们对自然规律、经济规律的认识，推动农业生产迈向精准化、智慧化，从而使得农户和农业企业实现稳定的预期收益，甚至超额利润；数字技术引领和创造农产品消费新需求，催生农产品消费新业态和新模式，通过推动多元化、高端化、场景化和个性化农产品生产，充分释放消费潜力，从而实现和创造农业价值。因此，数字技术向农业领域的渗透，通过实现和创造农业价值，有效激发了农业供给主体的积极性，使得农业供给结构调整优化得以顺利进行。

（二）需求—技术—制度耦合的外生动力机制

数字技术驱动农业供给结构优化的外在动力主要有市场需求的拉动、技术进步的驱动和政府政策的推动，三者相互联系与相互作用，形成推动农业供给结构优化的外生动力机制。

1. 市场需求拉动力

新中国成立以来，我国居民食物消费经历了改革开放前的贫困阶段、改革开放至20世纪末的生存温饱阶段，进入21世纪后开启小康享受发展新阶段，消费转型升级的结构性变化特征明显，个性化、品质化、快捷化、体验式消费成为农产品消费的新特征与新要求。消费需求的转型升级和形态变化，倒逼农产品供给多元化、生态化、网络化和场景化。由此，数字技术进入农业生产、流通等领域成为必然。精准农业、智慧农业等新型农业生产模式使个性化、品质化、高端化的农产品消费意愿得以满足，网络化、平台化的农产品新型销售方式使快捷化、多元化、体验式的农产品消费意愿成为现实。此外，数字技术的平台化、在线化、实时化、数据化特征，也约束了农业供给主体的行为，防止发生损害消费者利益的行为。例如，电子商务平台融通农产品供给与需求，提升了产销信息的对称性和透明度，增进了消费者与生产者的沟通，在为农业企业和农户带来新的商机的同时，也约束了涉农企业和农户的生产经营行为。特别是农产品质量安全可追溯平台的建立，在有利于消费者做出正确的购买决定的同时，倒逼农业生产经营者更加注重农产品品牌、特色、质量和服务。由此，农业供给结构得以优化提升。

2. 技术进步驱动力

技术进步是经济增长和结构升级的第一推动力。20世纪中叶以后，以生物技术和信息技术为主体的新的农业科技革命揭开了农业发展历程新的一页。进入21世纪，物联网、大数据、人工智能、移动互联网等现代信息与通信技术飞速发展，推动农业生产方式、商业模式、要素配置方式的转变与变革，从根本上改善了农业供给质量不优、效率低下等问题。据农业农村部统计，2022年，我国农业科技进步贡献率已达62.4%。[①] 毫

---

① 《迈入世界第一方阵！2022年全国农业科技进步贡献率达62.4%》，见光明网（https://tech.gmw.cn/2023－01/18/content_36311758.htm），2023年1月18日。

无疑问，技术进步的驱动，尤其是物联网、大数据、人工智能等新一代信息与通信技术的强大动能，成为我国农业供给结构优化的引擎。

3. 政府政策推动力

市场需求对数字技术优化农业供给结构的内在激励作用是基础性的。除此之外，政府宏观调控也具有重要的推动作用。从农业供给侧结构性改革看，2015 年 12 月，中央农村工作会议提出要着力加强农业供给侧结构性改革，形成结构合理、保障有力的农产品有效供给。① 2016 年中央一号文件进一步强调要"推进农业供给侧结构性改革，加快转变农业发展方式"，2017 年中央一号文件更是从国家层面对农业供给侧结构性改革进行了顶层设计。从数字农业发展看，2016 年中央一号文件提出要大力推进"互联网＋"现代农业②，2016 年农业农村部出台《"互联网＋"农业三年行动计划实施方案》③，2019 年中央一号文件提出扩大农业物联网示范应用，推进重要农产品全产业链大数据建设④，2019 年 5 月 16 日，中共中央办公厅、国务院办公厅印发《数字乡村发展战略纲要》⑤，2020—2023 年连续四年中央一号文件提出要深入实施数字乡村发展行动，加强农村信息基础设施建设，推动数字化应用场景研发推广，加快农业农村大数据应用，推进智慧农业发展等。国家层面政策文件的出台，各部门、各省市产业政策、财税支持、项目建设、试点示范等实施细则的制定，一系列政策叠加形成新的激励力量，成为数字技术驱动农业供给结构优化的强劲推动力。

---

① 《中央农村工作会议在京召开》，见新华网（http://www.xinhuanet.com/politics/2015 - 12/25/c_ 1117584302. htm），2015 年 12 月 25 日。

② 《中共中央 国务院关于落实发展新理念加快农业现代化实现全面小康目标的若干意见》，见中国政府网（www.gov.cn/zhengce/2016 - 01/27/content_ 5036698. htm），2016 年 1 月 27 日。

③ 《关于印发〈"互联网＋"现代农业三年行动计划方案〉的通知》，见中华人民共和国农业农村部（http://www. moa. gov. cn/ztzl/scdh/tzgg/201607/t20160721_ 5213458. htm），2016 年 7 月 21 日。

④ 《中共中央 国务院关于坚持农业农村优先发展做好"三农"工作的若干意见》，见中国政府网（http://www. gov. cn/zhengce/2019 - 02/19/content_ 5366917. htm），2019 年 2 月 19 日。

⑤ 《中共中央办公厅 国务院办公厅印发〈数字乡村发展战略纲要〉》，见中国政府网（http://www. gov. cn/zhengce/2019 - 05/16/content_ 5392269. htm），2019 年 5 月 16 日。

（三）利益共享与风险共担的运行动力机制

数字技术驱动农业供给结构优化的运行动力机制，主要是利益共享和风险共担的激励和约束机制。

1. 利益共享机制

数字技术能够提高农业供给系统内各类主体的利益诉求与期望，有效整合和合理分配各类主体的经济利益，使得各行为主体产生农业生产经营或服务管理的利益驱动力，从而推动农业供应链不断演进与优化，供给质量与效率不断提升。其中，数字技术植入农业生产、流通环节，促进资源要素优化配置，有效对接市场需求，在大幅提高劳动生产率和产出效益的同时，降低生产成本和交易费用，为农户、农业龙头企业和电商企业等在农业生产经营活动中积极主动作为提供利益保障和驱动力；数字技术嵌入农业管理环节，极大地推进了农业决策、调度、监管等现代化水平，在节约管理成本和提高行政效能的同时，提升政府形象，为政府进一步增强服务职能和提升调控水平、保障农业供给系统健康、高效运行提供动力支撑；数字技术引入农业服务环节，科技机构和平台企业在为系统内各主体提供多元、低价、快捷、高效的技术、信息设备或服务时获得收益，数字技术成为科技、信息服务体系能够实现持续稳定运行的动力保障。并且，农业供给系统内各类参与主体都能获得在技术、信息的生产和消费整个过程中产生的价值增值，使得科技、信息服务形成一种良性循环的、可持续的"共赢"服务，实现农业整个供给系统的整体效益最大化，为农业供给系统良性运转与结构演进提供可持续动力。

2. 风险共担机制

数字技术与农业供应链的融合发展，使得农业供给各主体在利益共享的同时，也共同承担农业的自然风险和市场风险，并且使得各主体的活动方向一致、目标一致，从而能够有效防范其中个体的不当行为所造成的技术风险和信息风险。例如，在"平台企业＋农户"的订单农业模式中，平台企业与农户的关系不仅是购销关系，还是合作关系和利益连接体。在生产阶段，农户以土地经营权、养殖设施、生产工具和劳动力等与平台企业参股合作，平台企业投入资金、农资、农机和技术、培训服务等；在销售阶段，数字技术在线、感知、透明的特征与优势，平衡了平台企业与农户之间的利益与风险，使得农户不再是市场的旁观者而是参与者。同时，如果一方违约，已经投入的服务或资产的价值将消失或贬值，违约成本较高。由此，平台企业与农户成了"利益共享、风险共担"的紧密型利益共同体，平台企业与农户目标一致，行动一致，信息高效畅通，技术创新活跃，产出不断增长，双方在享受到一体化经营带来的"发展红利"的同时，也共同抵御农业自然风险和市场风险。

第三节　数字技术驱动农业供给结构优化的作用方式与响应过程

作为先进生产力，数字技术打破信息、技术壁垒，融通农产品供给与需求，驱动农业资源要素优化配置，推动农业生产结构、市场结构和要素结构转型升级。同时，作为新兴的产业组织模式和经济社会形态，数字技术跨界农业，通过构建催发、开放、平等、协作、共享的系统生态，打破我国小农经济制约农业发展的枷锁，促进农业全产业链协同契合与效益提升，从而最终实现农业供给结构优化。

一、以"信息流""技术流"融通生产与消费，实现农业供求有效契合

农产品供给适配消费需求是农业供给结构优化的根本目的和核心特征。数字技术促进信息传导和技术扩散，极大地融通了生产与消费，有效对接了农产品供求市场，有效缓解了传统农业中由信息不对称和技术落后引致的"买难""卖难""多了多了""少了少了"等问题。

（一）产前阶段，提升农业生产布局科学化程度

种养业由于生产周期长，无论是分散的农户还是较大规模的农业企业，都难以对市场行情做出准确判断，从而引致市场风险。基于大数据技术的农产品市场分析将极大提高市场预测的准确性，农业生产经营者可以通过移动互联网、大数据分析等掌握最新的农产品地理分布、价格走势等市场信息，依据供求市场情况来科学决策生产内容，从而提高农业生产布

局合理化程度，降低农业生产经营的市场风险。

（二）产中阶段，破解农业生产结构失衡困境

运用物联网、大数据、云计算、移动互联网、空间地理信息技术等，生产者可以突破时空限制，实时获取农业生产全过程中水、肥、土、病虫害等数据信息，通过对农产品生产实施在线监控，以及智慧种养、精准饲喂、质量追溯等，生产者能够获得稳定的产品数量与质量，使农产品供给更好地满足消费需求，从而使传统农业中由品种、品质结构不对路引发的"多了多了""少了少了"等问题随之而解。

（三）产后阶段，颠覆农产品"买难""卖难"传统格局

利用大数据、移动互联网等数字技术，生产者可以及时有效掌握农产品需求、价格等市场信息，消费者可以便捷灵活地享受到各种农产品供给信息服务。通过大数据分析、云计算技术等手段，可以实现种养业生长全程监控和商超对接，从而使市场有序化。同时，移动支付等新业态驱动了农产品流通方式的变革，电子商务颠覆了农产品市场交易的传统格局。总之，通过数字技术建立最快速度、最短距离、最少环节、最低费用的农产品流通网络，可以实现农产品经营网络化、流通扁平化、交易公平化，最终实现农产品供求均衡化。

二、以"电化""网化"重构农业供应链，实现农业市场绩效最优

依据 SCP 范式，市场结构决定市场行为，进而决定市场绩效。因此，能否以一定量的投入获取最优的经济效益，是市场经济条件下农业供给结构优化与否的一个重要判断标准。数字技术扁平化、网络化、去中心化和开放、共享、协作的组织模式，以及技术扩散"溢出性"与"平台化"等特征与功能，有助于实现农产品从生产者到消费者全程的"电化"和"网化"，形成农业产前、产中、产后产业链系统内部有机相连，外部与市场之间优化运转的现代农业经营体系和商业模式，实现"小农户"与"大市场"的有效对接和供应链的协同高效，有效降低农业生产成本和交易成本，最终提升农业市场绩效，实现农业经济效益最优。

（一）变革农业组织模式，实现农业有效竞争

数字技术给农业组织形态带来了革命性变革，其网络化、去中心化和开放协作的组织特征，使得农业生产经营企业的边界变得模糊，企业与企业之间，企业与组织、农户之间紧密联系、融为一体，由此农业市场集中度也变得无以衡量。数字技术扁平化、平台化的组织模式，从"双边"彻底改变了农产品供给和需求环境，在拓展交易场所、减少中间环节、降低交易成本的同时，丰富了农产品交易品类，也有利于品牌创建与营销，破解了传统农业产品差别化程度低、需求弹性小引发的无序竞争和生产者利益受损的格局。同时，农业产业链中相对独立的业务结构单元被分解出来，每一个模块上的业务或功能高度技术化、专业化、市场化，能直接对市场需求的变化做出快速反应。显然，这种模块化组织方式所需要具备的技术、资源、竞争优势以及高度专业化的分工协作，提高了农业的进入和退出壁垒。由此可知，数字技术对农业经营组织模式的变革，改变了传统农业由经营规模小、产品差别小、市场份额极度分散导致的市场过度竞争的格局，使得农业供应链系统内竞争与合作共存、利益与风险共担，从而保证最大化实现供应链系统内各主体利益。

（二）解构农业商业模式，提升农业流通绩效

数字时代的到来，为农产品营销和商业模式变革提供了可能。网购、移动支付的出现与兴起，彻底颠覆了传统农业的销售渠道和营销模式。移动互联网、大数据、区块链等将农产品流通过程中的农户（农业企业）、中间批发商、经销商和消费者等连接起来，传统的单点式、不对称的信息传递方式转变为网络化、端对端、同步快速的信息传递方式，降低了市场参与主体搜索、获取、分享、沟通信息的成本，规避了由信息不对称引致的农产品"卖贱""买贵"问题。电子商务突破时空限制，变农产品"产销对接"（产地—销售点）为"产消对接"（产地—消费者），形成了B2B、B2C、C2C、O2O、F2F等新兴商业业态。农产品从生产者到消费者全程的"电化"和"网化"，重塑了农业供应链生态圈，在减少流通环节、促进产销适配的同时也降低了农产品流通环节的交易成本，实现了农产品流通环节的保值增值。

（三）整合农业供应链，提升农业价值链

传统农业供应链以农资供应为起点，以农产品消费为终点，存在供应链长、供给效率低下等问题。数字技术网络化、透明化以及灵活快捷、合作共享等组织特性，正好可以解决这一弊端。处于农业供应链核心地位的龙头企业以数字技术和平台整合供应链，通过对农业供应链各环节商品流、信息流、资金流、人才流等进行协调、计划和管理，对农业供应链市场、产品、过程、组织等进行改造与重构，实现覆盖包括龙头企业、农产品批发市场、经销与零售商、农业专业合作社、农户、消费者、政府等在内的庞大市场信息网络，使得农业生产、流通、交易、管理与服务等各环节有机相连，形成生产者、消费者、龙头企业、科技机构和政府等共同参与、互利共赢的良性商业生态系统，系统内各主体通过专业化经营与全面合作，使得信息、技术、物质的反馈与交互作用更加频繁，企业链日益稳固，产业链协同契合，从而实现农产品从田间到餐桌整个供应链"共生、共赢、互利"，农业价值链有效实现和提升。

三、以"精准""智能"优化调度农业投入，实现农业资源要素高效配置

充分发挥资源优势，高效配置生产要素是农业供给结构调整优化的题中应有之义。数字技术全面感知、可靠传输、先进处理和智能控制的技术优势和优化、集约、高效的管理模式，促进农业生产过程中资源要素合理配置和优化调度，并与劳动、土地、资本等要素结合衍生出高级要素，从而为实现我国农业供给结构向匹配小康享受型需求转型提供发育基础。

（一）实现农业资源要素投入的全面感知和精准控制

以物联网为核心技术的精准农业和智慧种养业，通过对化肥、饲料、农药、兽药、农膜等农业投入品全面感知、精准监控和科学管理，使大田种植向精准、集约、节约转变，设施果蔬向优质、自动、高效转变，畜禽水产养殖向生产集约化、装备工厂化、测控精准化、管理智能化转变，节水、节药、节肥、节饲、节劳和减能、减排、降污以及高效、安全、生态成为其基本特征。据湖南省土壤肥料工作站测算，水稻生产实施物联网项

目后，全生命周期中生产者劳动强度降低 15% 左右，节约人工费用 15% 以上，节水、节肥、节药达 15% 以上；猕猴桃、葡萄等果园实施水肥一体化技术后，平均节水 30% 以上，节肥 15% 左右，增产 6% 以上，同时果品质量也得到明显改善和提升。

（二）实现农业资源要素投入的先进处理和精准调度

随着数字技术与农业的加速融合，物联网、大数据、云计算技术成为精准农业、智慧农业的神经系统和关键要素，日益对农业生产、流通、管理等活动和运行方式产生重要影响。例如，利用大数据、云计算技术对物联网采集到的农业生产经营数据进行提取、存储、分析、挖掘，并据此帮助农业生产经营者进行科学决策、及时控制和先进处理，或将这些数据资源与产业链上其他企业和政府机构实现共享，从而能够对农产品生产流通、质量追溯、土肥管理、病虫害防治等进行干预或精准调度，最终提高农业投入品的利用率和产出品的优质率，实现农业供给系统的优质、高效。

（三）实现农业资源要素投入的精细化和高效化

地理信息系统、全球定位系统和遥感测绘技术在土地利用动态监控与资源调查、农业自然灾害监测与评估、农业精细化作业、农作物生长监测与估产、农业病虫害监测与防治等方面的应用，为实现农业资源要素投入精细化、高效化提供了全新的技术手段。例如，基于北斗导航的自动驾驶技术可以使拖拉机、联合收获机等农机具具备自定位、自驾驶的能力，不仅能使农业生产者从单调繁重的劳动中解放出来，提高农业生产效率，还能避免作业过程中产生衔接行的遗漏，提高农业生产的精细度。人工智能技术在农业领域的渗透与应用，产生了农业智能装备、农业机器人等，可全部代替或部分代替人来完成特定复杂的目标任务，在大幅提高农业劳动生产率的同时，使农业生产高效低耗、节能环保和安全可靠成为可能。例如，农药喷洒无人机具备自动避障、精准作业、自动返航等功能，而且能规避人工操作带来的污染，在我国南方水稻农药喷洒中展现出强大优势和应用前景。

第四节　数字技术驱动农业供给结构优化的
实证检验

前文主要从定性层面揭示了数字技术驱动农业供给结构优化的内在机理，本节将利用 2011—2019 年中国 29 个省、自治区、直辖市（不含西藏、上海及港澳台地区）的平衡面板数据，进一步从定量方面对数字技术赋能农业供给结构优化进行实证检验。具体而言，首先构建综合评价指标体系，利用熵值法对农业供给结构优化水平和农业数字化水平进行测算；然后在此基础上，采用固定效应的面板 Tobit 模型实证检验数字技术对农业供给结构优化的影响，并从生产结构、市场结构、要素结构三个维度分析该影响的异质性。

一、评价模型构建

采用层次分析法构建综合评价指标体系，利用熵值法对农业供给结构优化水平和农业数字化水平进行测算。

（一）评价指标体系的建立

1. 农业供给结构优化的评价指标体系

目前，学术界针对农业供给结构及其优化的探讨并不多，对农业供给结构优化水平进行测度评价的相关文献更少。但近年来一些学者（如：黄祖辉等，2016[①]；魏后凯，2017[②]；涂圣伟，2016[③]；姜长云和杜志雄，

[①] 黄祖辉、傅琳琳、李海涛：《我国农业供给侧结构调整：历史回顾、问题实质与改革重点》，载《南京农业大学学报（社会科学版）》2016 年第 6 期，第 1 - 5 页。

[②] 魏后凯：《中国农业发展的结构性矛盾及其政策转型》，载《中国农村经济》2017 年第 5 期，第 2 - 17 页。

[③] 涂圣伟：《我国农业供给结构失衡的根源与改革着力点》，载《经济纵横》2016 年第 11 期，第 108 - 113 页。

2017[①]；孔祥智，2016[②]）围绕农业供给侧结构性改革所做的有益探索，有助于明确我国农业供给结构失衡的本质与优化的方向。黎新伍和徐书彬（2020）[③] 基于层次分析法和熵值法，构建了包含有效供给、要素配置、绿色发展和成果惠农 4 个维度 20 个指标的农业供给结构失衡评价指标体系，对 2008—2017 年全国及各省区市的农业供给结构失衡程度进行测度及区域比较，为本研究提供了有益借鉴。依据本书第二章建构的农业供给结构变动与演进的理论模型，将农业供给结构优化分解为生产结构优化、市场结构优化和要素结构优化 3 个二级指标，并结合第二章中对中国农业供给结构失衡的特征及成因分析，基于当前我国农业供给结构的失衡根源与优化方向，同时考虑指标的代表性、可得性、可比性等，选取 9 个三级指标，构建农业供给结构优化测度指标体系（见表 3 - 1）。

2．农业数字化评价指标体系

当前，对农业数字化水平的测度尚没有普遍认可的评价指标体系。一些研究使用互联网普及率作为衡量指标（如：李欠男和李谷成，2020[④]；辛大楞等，2020[⑤]；陈飞等，2021[⑥]），但互联网普及率是整个地区的普及率，不能准确反映农业农村的情况。另有研究用农村电话、电视（黑白）、彩电、投递线路来衡量（如韩海斌和张莉，2015[⑦]），但这些指标早已过时[⑧]，同样无法正确反映农业数字化程度。还有些研究仅使用了单一

---

① 姜长云、杜志雄：《关于推进农业供给侧结构性改革的思考》，载《南京农业大学学报（社会科学版）》2017 年第 1 期，第 1 - 10 页。

② 孔祥智：《农业供给侧结构性改革的基本内涵与政策建议》，载《改革》2016 年第 2 期，第 104 - 115 页。

③ 黎新伍、徐书彬：《中国农业供给结构失衡的测度及其空间特征研究》，载《广东财经大学学报》2020 年第 4 期，第 87 - 102 页。

④ 李欠男、李谷成：《互联网发展对农业全要素生产率增长的影响》，载《华中农业大学学报（社会科学版）》2020 年第 4 期，第 71 - 78、177 页。

⑤ 辛大楞、李建萍、吴传琦：《信息化的农村减贫效应及区域差异——基于中国 273 个地级及以上城市数据的实证研究》，载《商业研究》2020 年第 10 期，第 127 - 133 页。

⑥ 陈飞、王友军、刘宣宣：《互联网普及促进了农村经济转型吗?》，载《财经问题研究》2021 年第 12 期，第 85 - 96 页。

⑦ 韩海彬、张莉：《农业信息化对农业全要素生产率增长的门槛效应分析》，载《中国农村经济》2015 年第 8 期，第 11 - 21 页。

⑧ 如早在 2009 年我国农村家庭每百户彩电拥有量就超过 100，而黑白电视已降至个位数。

的农村互联网普及率或者农村居民手机拥有量指标（如：刘帅，2021[1]；汪亚楠等，2021[2]；吴捷等，2021[3]；王月和程景民，2021[4]），但农业数字化是一项复杂的系统工程，涉及方方面面，互联网、宽带、手机等只是其中的一个维度，单纯的宽带接入和手机上网不能与其画等号（冯朝睿和徐宏宇，2021[5]）。本质上，农业数字化主要是通过提高农村地区互联网的普及程度、促进农村电商平台的发展、提高农村普惠金融的覆盖率等方式，来促进农业转型升级与结构优化。这决定了单一的量化指标很难将其展现出来。鉴于此，借鉴已有研究成果（齐文浩等，2021[6]；张旺和白永秀，2022[7]），同时结合客观性、系统性、代表性、可得性、可比性等原则，分别从互联网普及率、移动电话普及率、电商发展和数字普惠金融发展四个方面选取指标，构建农业数字化综合评价指标体系（见表3-1）。

① 刘帅：《农业信息化对农业全要素生产率的影响》，载《社会科学家》2021年第9期，第79-85页。

② 汪亚楠、徐枫、叶欣：《数字乡村建设能推动农村消费升级吗?》，载《管理评论》2021年第11期，第135-144页。

③ 吴捷、成忠厚、黄小勇：《"互联网＋"驱动传统农业创新发展的效应研究》，载《江西社会科学》2021年第8期，第37-49页。

④ 王月、程景民：《农业生产经营数字化与农户经济效益》，载《社会科学》2021年第8期，第80-90页。

⑤ 冯朝睿、徐宏宇：《当前数字乡村建设的实践困境与突破路径》，载《云南师范大学学报（哲学社会科学版）》2021年第5期，第93-102页。

⑥ 齐文浩、李明杰、李景波：《数字乡村赋能与农民收入增长：作用机理与实证检验——基于农民创业活跃度的调节效应研究》，载《东南大学学报（哲学社会科学版）》2021年第2期，第116-125、148页。

⑦ 张旺、白永秀：《数字经济与乡村振兴耦合的理论构建、实证分析及优化路径》，载《中国软科学》2022年第1期，第132-146页。

表3-1　农业供给结构优化和农业数字化评价指标体系

一级指标	二级指标	三级指标	定义或测度方法
农业数字化	互联网普及率	每百人农村宽带接入用户数	农村宽带接入用户数/乡村人口数
	移动电话普及率	每百人农村移动电话用户数	农村移动电话年末用户数/乡村人口数
	电商发展	平均每个乡镇拥有淘宝村数	淘宝村数量/乡镇级区划数
	数字普惠金融发展	北京大学数字普惠金融指数	北京大学数字普惠金融指数
农业供给结构优化	生产结构优化	平均每个乡镇绿色产品数	当年认证绿色产品数/乡镇级区划数
		养殖业产值占比	（牧业总产值 + 渔业总产值）/农林牧渔业总产值
		种植业多样化指数	$\dfrac{1}{\sum_{i=1}^{n} X_i^2}$，其中 X_i 为各作物播种面积占农作物播种总面积的比重
	要素结构优化	土地生产率	第一产业增加值/耕地面积
		劳动生产率	第一产业增加值/第一产业劳动力
		化肥生产率	农林牧渔总产值/化肥施用折纯量
	市场结构优化	平均每个乡镇专业合作社数	农民专业合作社数/乡镇级区划数
		经营耕地50亩及以上农户比例	经营耕地50亩及以上的农户数/家庭承包经营农户数
		农业社会化服务	农林牧渔服务业产值/农林牧渔业总产值

（二）指标权重的确定

指标权重的确定直接影响到综合评价结果的准确性。考虑到熵值法具有可以完全根据各指标的变异程度确定指标权重，从而排除权重受人为因素影响的优点，故使用熵值法对农业供给结构优化及农业数字化评价指标体系中的各项指标进行赋权。其具体计算过程可参考史常亮（2012）[①] 提示的方法。设有 m 个评价对象（在本文中，每个省级行政单位作为一个评价对象），n 个评价指标，形成原始指标数据矩阵 $X = (x_{ij})_{m \times n}$，第 j 项评价指标 x_{ij} 的熵定义为：

$$e_j = -k \sum_{i=1}^{m} P_{ij} \ln P_{ij} \tag{1}$$

其中，$k = \dfrac{1}{\ln m}$，$p_{ij} = \dfrac{x_{ij}}{\sum\limits_{i=1}^{n} x_{ij}}$ 为第 j 项指标下第 i 个评价对象指标值的比重。

则第 j 项指标的熵权 w_j 定义为：

$$w_j = \dfrac{d_j}{\sum\limits_{j=1}^{n} d_j} \tag{2}$$

其中，$d_j = 1 - e_j$ 为第 j 项指标的效用值。

用第 j 项指标的权重 w_j 与该指标的接近度 p_{ij} 的乘积 $f_{ij} = w_j \times p_{ij}$ 作为 x_{ij} 的评价值，则第 i 个样本的评价值为：

$$f_i = \sum_{j=1}^{n} f_{ij} \tag{3}$$

对于多层结构的评价系统，根据熵的可加性，可以利用下层结构的指标效用值，按比例确定对应于上层结构的权重。对下层结构的每类指标的效用值 d_j 求和，可得到上层各类指标的效用值和 $D_k(k = 1, 2, \cdots, k)$，以及全部指标效用值的总和 $D = D_1 + D_2 + \cdots + D_k$，则相应类的权重为：

$$W_k = \dfrac{D_k}{D} \tag{4}$$

---

① 史常亮：《基于"三性"分析的上市商业银行经营绩效评价》，载《金融发展研究》2012 年第 12 期，第 12 – 15、19 页。

值得注意的是，由于在熵值法的计算过程中运用了对数和熵的概念，根据相应的约束规则，负值和极值不能直接参与运算，应对其进行一定的变换。因此，采用 Z-Score 法对熵值法进行改进，即在进行熵值法计算之前，使用 Z-Score 法对原始数据进行标准化处理：

$$x'_{ij} = \frac{x_{ij} - \overline{x_j}}{\sigma_j} \tag{5}$$

其中，x_j 为第 j 项指标的算数平均值，σ_j 为第 j 项指标的标准差。

进行标准化处理后，由于部分数据出现负值，为了不改变原始数据间的关系，采取坐标平移办法使之转化为正数：

$$z_{ij} = l + x'_{ij} \tag{6}$$

其中，l 为坐标平移的幅度。

表 3-2 给出了利用熵值法计算得到的各项指标的权重值。可以看出，衡量农业数字化水平最重要的指标是数字普惠金融发展，其次是农村互联网普及率；而衡量农业供给结构优化水平最重要的指标是要素结构和生产结构的优化水平，其中养殖业产值占比、平均每个乡镇绿色产品数和土地生产率三项指标的权重较大，而市场结构对农业供给结构优化的影响相对较小，这与当前小农户仍然是我国农业经营基本面[①]的现状相吻合。

表 3-2 农业供给结构优化和农业数字化评价指标权重

一级指标	二级指标	权重	三级指标	权重
农业数字化	互联网普及率	0.260	每百人农村宽带接入用户数	0.260
	移动电话普及率	0.230	每百人农村移动电话用户数	0.230
	电商发展	0.244	平均每个乡镇拥有淘宝村数	0.244
	普惠金融发展	0.266	北京大学数字普惠金融指数	0.266

---

① 陈锡文：《从农村改革四十年看乡村振兴战略的提出》，载《行政管理改革》2018 年第 4 期，第 4-10 页。

续上表

一级指标	二级指标	权重	三级指标	权重
农业供给 结构优化	生产结构优化	0.333	平均每个乡镇绿色产品数	0.114
			养殖业产值占比	0.116
			种植业多样化指数	0.103
	要素结构优化	0.340	土地生产率	0.114
			劳动生产率	0.113
			化肥生产率	0.113
	市场结构优化	0.328	平均每个乡镇农民专业合作社数	0.113
			经营耕地 50 亩及以上的农户比例	0.102
			农业社会化服务	0.113

（三）数据标准化处理

按照上述熵值法的计算步骤即可测算出各评价对象历年的农业供给结构优化水平和农业数字化水平。由于最后计算出的 f_i 值过小，为便于横向比较和后续的实证分析，进一步采用功效函数法将 f_i 标准化为样本期内的分位数，分数值越高，代表该省份的农业供给结构优化水平、农业数字化水平也越高。功效函数的公式如下：

$$F_{it} = \frac{f_{it} - \min(f_{it})}{\max(f_{it}) - \min(f_{it})} \tag{7}$$

其中，i 表示省份，t 表示年份，f_{it} 表示利用熵值法计算得到的农业供给结构优化（或者农业数字化）水平，$\max(f_{it})$ 和 $\min(f_{it})$ 分别表示样本期间所有省份农业供给结构优化（或者农业数字化）水平的最大值和最小值，F_{it} 为标准化之后的农业供给结构优化（或者农业数字化）水平，其值介于 0 和 1 之间。

二、實證模型、變量與數據

（一）實證模型設定

為了檢驗數字技術能否促進農業供給結構優化，構建如下基準模型：

$$Supply_{it} = \alpha + \beta digital_{it} + \kappa X_{it} + \delta_i + \lambda_t + \varepsilon_{it} \qquad (8)$$

式中，下標 i 和 t 分別代表省份和年份；被解釋變量 $Supply_{it}$ 代表農業供給結構優化；$digital_{it}$ 代表農業數字化，為核心解釋變量；X_{it} 代表控制變量，用來控制一系列可能對農業供給結構優化產生影響的其他因素；δ_i 為省份啞變量，用以控制不同省份之間不隨時間變化的固有差異（如地形、氣候和自然資源稟賦等）；λ_t 為年份啞變量，用以控制特定年份發生的可能對農業供給結構優化造成影響的同步性的宏觀因素（如經濟周期、政策等衝擊）；α、β、κ 是待估計參數（向量）；ε_{it} 是隨機誤差項。

由式（8）定義的雙向（Two-way）固定效應模型的優勢在於，可以控制住那些不可觀測但不會同時隨地區和時間變化的因素。因此，本做法類似於一個雙重差分（Differences-in-Differences，DID），實質上是在比較同一時間範圍內，那些農業數字化水平變化較大的省份相對於那些沒有多少變化的省份在農業供給結構優化水平方面的變化差異，而式中 $digital_{it}$ 的估計系數 β 正好度量了這一點。

農業供給結構優化受多種因素的影響，為了盡量控制估計可能存在的偏誤，還需要對那些可能影響農業供給結構優化的其他因素進行控制。參考已有文獻，選取的控制變量包括以下七類。

（1）農村人力資本。人力資本的改善不僅能夠提高實物資本的使用效率和總體生產效率，進而促進農業供給結構優化，而且可以通過影響要素配置效率、農業技術的推廣應用等進而影響農業供給結構優化水平。用農村人口平均受教育年限[①]作為農村人力資本的衡量指標。

（2）工業化率。農業生產與工業發展之間存在相互影響的關係，一方面，發達的工業可以為農村剩餘勞動力提供大量的非農就業機會，在我

---

① 其中，不識字或識字很少、小學、初中、高中（中專）、大專及以上文化程度相對應折算的受教育年限依次為：1 年、6 年、9 年、12 年和 16 年。

国人多地少的情况下，这有助于促使农业生产要素组合比例趋于合理，提高农业资源配置效率；另一方面，工业和农业的竞争导致大批高素质的农村劳动力脱离农业而加入工业生产，从而也可能会给当地农业生产带来负面影响。用工业增加值占地区生产总值的比重作为工业化率的衡量指标。

（3）城镇化率。理论上，农民小而全的生产模式并不会影响农业供给结构，而城镇人口才是农产品消费的主体。随着城镇人口的增加，社会消费水平和消费偏好会同步改变，必然会影响农产品市场需求结构，进而导致农业供给结构发生变化。[1] 用城镇常住人口占总人口的比例来衡量各地城镇化水平。

（4）财政支农力度。政府对农业财政的支出不仅是农业基础设施建设的重要保障，也是农业科技投入的重要资金来源，对农业供给结构优化具有重要影响。用地方财政农林水支出占地方财政一般预算支出的比重来表示各地财政支农力度。

（5）农业对外开放度。根据新贸易增长理论，对外贸易一方面可以通过"学习效应""技术溢出效应"等来促进本国农业经济增长和供给结构的优化提升，但另一方面大量国外农产品的涌入也可能造成国内农业生产萎缩和供给结构失衡。用农产品进出口总额[2]与农林牧渔业总产值之比来衡量我国农业经济的对外开放程度。

（6）有效灌溉率。干旱缺水一直是制约我国农业可持续发展的一个重要因素，因此农业灌溉基础设施的修建和不断完善对于农业供给结构的优化发展有重要影响。用耕地灌溉面积与农作物总播种面积之比来表示当地农业灌溉基础设施状况。

（7）自然灾害率。农业属于先天弱质产业，素有"靠天吃饭"的说法，外界自然环境的变化对农业供给结构有较大影响。用受灾面积与农作物总播种面积的比值来表示农业自然环境变量。

（二）数据来源与描述统计

基于数据的可获得性考虑，以 2011—2019 年我国 29 个省、自治区、

---

① 张维刚、金诺：《财政支农支出对农业供给结构调整的影响效应分析》，载《内蒙古农业大学学报（社会科学版）》2022 年第 1 期，第 76 - 83 页。

② 为消除汇率变动的影响，在计算时将以美元标价的农产品进、出口额按当年人民币对美元平均汇价（中间价）换算成人民币。

直辖市（西藏、上海由于数据严重缺失予以剔除，暂不考虑港澳台地区）的平衡面板数据作为考察样本。原始数据主要来自《中国统计年鉴》《中国农村统计年鉴》《中国人口和就业统计年鉴》等，"数字普惠金融指数"来自《北京大学数字普惠金融指数（2011—2020）》，"淘宝村个数"来自《中国淘宝村研究报告（2009—2019）》，"当年认证绿色产品数量"来自历年《绿色食品统计年报》，"从事第一产业劳动力""经营耕地50亩及以上的农户数""家庭承包经营农户数""农民专业合作社数"来自历年《中国农村经营管理统计年报》《中国农村政策与改革统计年报》和《中国农村合作经济统计年报》。表3-3是对所使用变量的基本描述性统计。数据显示，中国农业供给结构优化水平整体偏低，平均只有0.337；从细分指数看，农业要素结构得分最低，只有0.305，其次是农业生产结构，得分为0.351；农业市场结构得分相对较高，但也只有0.381。农业数字化指数均值为0.187，说明当前我国数字农业发展尚处于较低水平阶段。

表3-3 变量定义与基本描述统计

变量名称	定义或测度方法	均值	标准差
农业供给结构优化	利用熵值法测算得出，介于0和1之间	0.337	0.196
农业生产结构优化	利用熵值法测算得出，介于0和1之间	0.351	0.183
农业要素结构优化	利用熵值法测算得出，介于0和1之间	0.305	0.197
农业市场结构优化	利用熵值法测算得出，介于0和1之间	0.381	0.222
农业数字化	利用熵值法测算得出，介于0和1之间	0.187	0.141
农村人力资本	农村居民平均受教育年限	7.845	0.572
工业化率	工业增加值/地区生产总值	0.366	0.087
城镇化率	城镇常住人口/常住总人口	0.566	0.109
财政支农力度	地方财政农林水支出/地方财政一般预算支出	0.116	0.030
农业对外开放度	农产品进出口总额/农林牧渔业总产值	0.222	0.639
有效灌溉率	耕地灌溉面积/农作物总播种面积	0.422	0.168
自然灾害率	受灾面积/农作物总播种面积	0.158	0.117

从图3-1中可知，整体上我国农业供给结构优化与农业数字化均呈

现出持续向好、稳中向好的趋势，并且二者发展具有较好的同步性。图 3 – 2 刻画了各省区市农业供给结构优化与农业数字化的对应关系。为了消除年度间的动态变化和随机波动，将各省区市的相关指标在 2011—2019 年整个时段上进行平均。从图 3 – 2 中可以看到，尽管二者的变化不完全对应，但仍存在一定关联性：那些农业数字化水平较高的省区市，往往农业供给结构优化水平也较高。为了更清楚地刻画二者之间的相关关系，图 3 – 3 以农业数字化为横轴、以农业供给结构优化为纵轴绘制了两者的散点图。通过该图拟合趋势线的斜率可以清楚地看到，农业数字化与农业供给结构优化水平之间存在明显的正相关关系，Pearson 相关系数达到 0.6917，且在 1% 显著性水平上统计显著，这进一步说明农业数字化水平高的地区，农业供给结构优化相对也高。

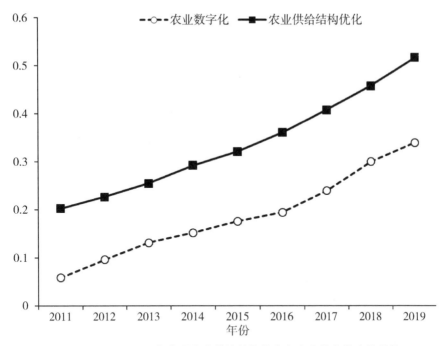

图 3 – 1　2011—2019 年中国农业供给结构优化和农业数字化变化趋势

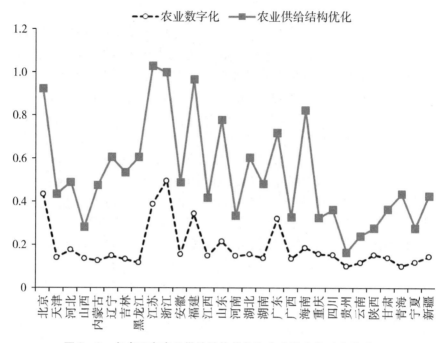

图3-2　各省区市农业供给结构优化和农业数字化对应关系

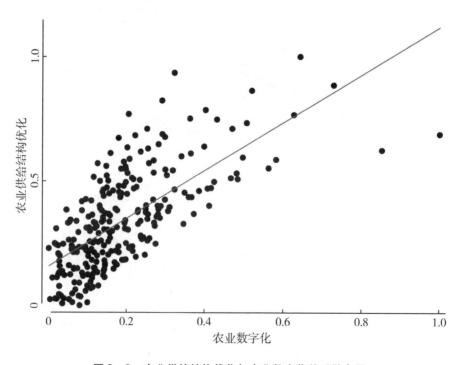

图3-3　农业供给结构优化与农业数字化关系散点图

三、实证分析结果

（一）基本回归结果

首先检验数字技术驱动农业供给结构优化的总体效应。由于标准化后的农业供给结构优化水平具有非负性且取值在 0 到 1 之间，正如大多数文献一样，选用受限 Tobit 模型进行分析。根据个体效应的不同，面板 Tobit 模型有固定效应（FE）和随机效应（RE）之分。Hsiao（2003）[1] 指出，对于这类模型，如果面板数据的时间序列较长（$T \to \infty$），直接使用随机效应的极大似然估计就能够得到一致的估计量；但如果截面个数较多而时期较短（$N > T$），则极大似然估计得到的估计量往往是有偏与非一致的。由于本研究使用的面板数据具有时间跨度小于截面个数的特征，根据 Hsiao（2003）的建议，使用 Honore（1992）[2] 提出的修整最小绝对偏差估计法（TLAD）对基准模型进行估计。该方法采用半参数估计方法，不仅可以解决固定效应 Tobit 模型由于找不到个体效应的充分统计量而无法进行极大似然估计的问题，而且不需要假定残差的参数形式，即使在截面个体之间存在异方差的情形下，也能得到一致的估计量。

为了得到较为稳健的估计结果，采取依次加入控制变量的方式估计结果，如表 3 - 4 所示。其中，（1）列只放入了核心解释变量农业数字化，（2）列加入了农村人力资本、工业化率、城镇化率、财政支农力度、农业开放度、有效灌溉率和自然灾害率等一系列控制变量，（3）列在（2）列的基础上进一步控制了年份固定效应。回归结果显示，农业数字化和农业供给结构优化之间存在显著且稳健的正向关系。根据（3）列展示的完整模型的估计，当控制住其他可能影响农业供给结构的因素和年份及省份固定效应后，农业数字化水平每提高 1 个单位，将促使农业供给结构优化水平提高 0.651 个单位。结合描述性统计结果可知，上述估计意味着农业数字化水平每提高 1 个单位标准差，大约可使农业供给结构优化水平提高

---

① C. Hsiao, *Analysis of Panel Data*, Cambridge：Cambridge University Press, 2003.

② B. E. Honore, "Trimmed LAD and Least Squares Estimation of Truncated and Censored Regression Models with Fixed Effects," *Econometrica*, 1992, 60（3）, pp. 533 - 565.

27.24 个（ =0.651 ×0.141/0.337）百分点。这说明，数字技术对农业供给结构优化的影响不仅在统计上显著，而且具有较强的经济显著性。

其余控制变量方面，城镇化率、财政支农力度和有效灌溉率的估计系数均显著为正，说明这三个因素的增加有助于促进农业供给结构优化。而农业开放度的估计系数一直为负，且在 1% 显著性水平上统计显著，说明农产品贸易开放的扩大给国内农业供给结构带来了一定的负面冲击。自然灾害率的估计系数始终不显著，这可能是因为，虽然自然灾害是造成农业供给结构变动的主要因素，但随着市场经济机制的建立和人们应对自然灾害能力的增强，降低了自然灾害对农业生产的不利影响。农村人力资本的估计系数也不显著，这可能是因为在城镇化和工业化进程中，农村大量有知识、有技术的劳动力选择外出务工，从而普遍意义上的农村劳动力受教育年限难以真正反映出实际从事农业生产劳动力的人力资本状况。

表 3-4 基本回归结果

解释变量	（1）	（2）	（3）
农业数字化	1.023 *** （0.114）	0.686 *** （0.145）	0.651 *** （0.185）
农村人力资本		0.008 （0.023）	0.006 （0.023）
工业化率		− 0.321 （0.218）	− 0.302 （0.249）
城镇化率		0.843 *** （0.185）	0.854 *** （0.200）
财政支农力度		1.224 * （0.642）	1.225 ** （0.604）
农业开放度		− 0.106 *** （0.036）	− 0.103 ** （0.042）
有效灌溉率		0.221 *** （0.085）	0.226 ** （0.090）

续上表

解释变量	（1）	（2）	（3）
自然灾害率		0.108 （0.083）	0.117 （0.075）
省份固定效应	是	是	是
时间固定效应	否	否	是
样本量	261	261	261

注：括号内为标准误，使用自抽样方法得到。***、**和*分别表示在1%、5%和10%显著性水平上统计显著。下表同。

（二）内生性讨论

准确估计基准模型可能面临着内生性的挑战。第一，遗漏变量偏误。现实中可能还存在其他影响农业供给结构优化的因素，而囿于数据可得性，这些因素并没有被全部纳入回归模型中。第二，测量误差。目前，对于农业数字化、农业供给结构优化的评价指标选取、权重确定及评价模型选择尚无统一标准，无量纲的综合评价指数可能存在测量误差问题。第三，双向因果。农业数字化和农业供给结构优化之间存在反向因果的可能性，比如那些农业供给结构优化水平高的地区，可能农业数字化水平同时也高。对于上述可能存在的内生性问题，本研究采用文献中比较常用的两种方法予以缓解。

一是前定变量法。该方法将内生解释变量做滞后处理，不仅能够较好地消除双向因果关系带来的联立性偏误，而且还可以兼顾数字技术对农业供给结构优化影响可能存在的时滞效应。回归结果如表3-5中（1）列所示。结果显示，滞后一期的数字农业发展水平在1%水平上显著为正，这说明即使在同时考虑了潜在的同期逆向因果关系和时间滞后效应后，数字技术仍然显著促进了农业供给结构的优化，研究结论稳健。

二是工具变量法。该方法通过寻找一个或多个与内生解释变量高度相关但不与随机误差项相关的外生变量，与模型中回归系数得到一个一致估计量。工具变量法一般通过两阶段最小二乘法（two stage least square，2SLS）来实现。但由于被解释变量农业供给结构优化属于典型的两端截断受限变量，直接使用基于连续变量的2SLS法可能降低有效性。鉴于此，使用控制函数法（control function，CF）对农业数字化的内生性进行处理。与2SLS法采用剔除内生变量与误差相关的部分来克服内生性不同，CF法采用增加代理变量的方法来解决内生性问题。具体做法是，利用内生变量对工具变量的回归把内生变量分解为两个部分：一部分为内生变量在工具变量上的投影，这部分代表了与回归误差项无关的部分，另一部分为内生变量在工具变量上投影之后的残差，这部分代表了与回归误差相关的部分；然后将残差作为遗漏变量的代理变量加入原模型中进行估计得到一致的估计结果。借鉴易行健和周利（2018）[①]的做法，使用农业数字化滞后一期与其在时间上的一阶差分的乘积作为工具变量。表3-5中（2）列报告了基于控制函数法的回归结果。其中，第一阶段是用农业数字化水平对模型所有控制变量及其工具变量进行线性回归。结果显示，工具变量在1%水平上显著为正，且一阶段F统计量123.619远大于经验值10，表明不存在弱工具变量问题，是有效的工具变量。第二阶段结合固定效应面板Tobit模型，用农业供给结构优化对农业数字化、控制变量及一阶段回归残差进行回归。结果显示，在控制潜在的内生性问题后，农业数字化在1%水平上显著为正，不仅显著性大大增强，而且系数估计值较基准回归略微增大，这一方面说明忽视内生性可能造成低估数字技术对农业供给结构优化的影响，另一方面说明结论具有相当的稳健性。

表3-5　内生性检验结果

解释变量	（1）	（2）	
	前定变量法	工具变量法	
		第二阶段	第一阶段
滞后一期农业数字化	0.750 ***		
	(0.203)		

---

① 易行健、周利：《数字普惠金融发展是否显著影响了居民消费——来自中国家庭的微观证据》，载《金融研究》2018年第11期，第47-67页。

续上表

解释变量	（1）	（2）	
	前定变量法	工具变量法	
		第二阶段	第一阶段
农业数字化		0.666***	
		（0.210）	
工具变量			3.233***
			（0.123）
一阶段回归残差		−0.795	
		（1.148）	
一阶段 F 统计量			123.619
控制变量	是	是	是
省份固定效应	是	是	是
时间固定效应	是	否	是
样本量	232	232	232

注：括号内为标准误，使用自抽样方法得到。***、** 和 * 分别表示在 1%、5% 和 10% 显著性水平上统计显著。

（三）异质性分析

1. 分结构

以上检验结果表明，农业数字化对农业供给结构优化具有显著的正向促进作用。在此基础上，继续检验农业数字化促进农业供给结构优化的具体渠道。首先，将被解释变量依次替换为农业生产结构优化、农业要素结构优化和农业市场结构优化；然后，利用固定效应 Tobit 模型实证检验农业数字化究竟通过何种途径促进了整体农业供给结构的优化。回归结果见表 3–6。

从模型（1）～（3）的估计结果可以看出，农业数字化对农业生产结构优化和农业要素结构优化的影响系数均在 1% 水平上显著为正，而对农业市场结构优化的影响系数未通过显著性检验，这说明，数字技术主要通过促进农业生产结构优化和农业要素结构优化，进而促进整体农业供给结构的优化。其中，农业数字化水平每提高 1 个单位，将促使农业生产结构优化水平、农业要素结构优化水平分别提高 0.486 个单位和 0.904 个单位，相当于农业数字化水平每提高 1 个单位标准差，大约可使农业生产结构优化水平、农业要素结构优化水平分别提高 19.52 个（0.486×0.141/0.351）百分点和 41.79 个（0.904×0.141/0.305）百分点，农业数字化的提高对农业要素结构优化的正向影响更为显著。而农业数字化对农业市场结构优化作用不明显，可能是由于目前我国数字农业发展处于初期阶段，且以政府推动为主导，市场主体特别是农业龙头企业参与不足，对农业产业化发展和供应链整合带动不足。

表 3-6　分结构回归结果

解释变量	生产结构优化（1）	要素结构优化（2）	市场结构优化（3）
农业数字化	0.486*** (0.113)	0.904*** (0.192)	-0.150 (0.103)
控制变量	是	是	是
省份固定效应	是	是	是
时间固定效应	是	是	是
样本量	90	171	171

2. 分区域

中国幅员辽阔，地区差异大，东中西三大区域之间不仅经济发展不平衡，在数字农业发展方面也存在着明显差异。样本期内，东部和中西部地区的农业数字化水平平均值分别为 27.65% 和 12.41%，前者高出后者 15.24 个百分点，呈现鲜明的数字化分层现象。那么，这种发展差异是否会导致数字技术对农业供给结构的优化效应同样存在区域差异呢？为了回答这一问题，我们将全部样本按照东部和中西部地区划分子样本，并分组进行估计，结果见表 3-7。从表 3-7 可以看到，数字技术对农业供给结构的优化作用在不同区域呈现异质性，其在 1% 显著性水平上显著促进了东部地区农业供给结构的优化，但是对中西部地区农业供给结构的影响不显著。对此一个可能的解释是，东部地区由于数字乡村建设起步较早、水平较高，从而能更充分地释放数字时代带来的数字技术红利；而中西部地区则因为经济、科技、文化发展水平相对落后，农村居民受教育水平普遍偏低，以及信息基础设施建设也不够完备，使得数字技术对中西部农业供给结构优化的驱动作用未能与东部齐头并进。

表3-7　分地区回归结果

解释变量	东部地区（1）	中西部地区（2）
农业数字化	0.348*** （0.093）	0.473 （0.512）
控制变量	是	是
省份固定效应	是	是
时间固定效应	是	是
样本量	90	171

注：东部地区包括北京市、天津市、河北省、辽宁省、江苏省、浙江省、福建省、山东省、广东省和海南省10个省份；中西部地区包括山西省、内蒙古自治区、吉林省、黑龙江省、安徽省、江西省、河南省、湖北省、湖南省、广西壮族自治区、重庆市、四川省、贵州省、云南省、陕西省、甘肃省、青海省、宁夏回族自治区、新疆维吾尔自治区19个省份。

　　由此可知，总体上数字技术显著促进了农业供给结构优化。在采用前定变量法和工具变量法处理内生性后，这一效应依然显著。异质性分析发现，数字技术主要是通过促进农业生产结构优化和农业要素结构优化，进而促进整体农业供给结构的优化。数字技术对农业供给结构优化的促进作用存在明显区域异质性，其显著促进了东部地区农业供给结构的优化，但是对中西部地区作用并不显著。

第四章　数字时代中国农业生产结构重塑的模式选择与实践路径

　　本章围绕破解信息传导不畅、宏观调控失灵引致农业生产结构演进滞后于城乡居民食物消费结构的升级，进而导致农业品种结构、品质结构、空间结构失衡等问题，以市场需求为"导航灯"，以物联网、大数据、云计算、人工智能和"3S"等现代信息与通信技术为手段，通过农业生产领域的数据化、智慧化、生态化改造与创新来促进农业生产结构的调整优化，从而增强农业供给适配需求、引导和创造需求的能力。

第一节　数字技术赋能农业生产结构优化的运行逻辑

　　"数字化"是现代产业发展的趋势与潮流，也为我国农业生产模式创新和生产结构优化提供了崭新的方法与手段。其发力点主要体现在生产力系统的优化扩张、技术—经济范式的变革迭代和生产部门体系的丰富拓展等方面。

一、优化扩张生产力系统

　　数字技术赋能农业生产结构优化的过程，可以看作以匹配享受型、发展型消费需求为目标，以现代信息与通信技术引入为突破口，以生产流程感知监控为抓手，优化扩张生产力系统，变革升级生产技术体系，丰富拓展生产部门体系，最终实现农业生产布局合理、品种结构优化、品牌价值凝聚的过程。在这一过程中，生产力系统的优化扩张作为数字技术赋能农业生产结构优化的首要环节和基础前提，动态地呈现在下述三个方向上。

（一）现代生产要素的引入与渗透

以传统要素投入为主、技术扩散滞后是我国农产品供给结构性失衡的重要成因，而如果仅限于对传统农业要素进行更多的投入或对传统要素做出重新配置，则无助于这一问题的根本扭转。作为生产力要素系统中的渗透型子系统（科技）和纽带型子系统（信息），数字技术嵌入农业生产环节，成为内生变量和单独的生产要素因子，促进农业生产力系统中各元素、各子系统相互结合成为一个具有完整性、协调性和高效性的优化系统，极大地扩张了农业生产力系统的功能，拓展了农业的生产可能性边界，降低了农业对稀缺自然资源的依赖，挖掘提升了潜在的农业生产能力，由点到面、由小到大、由弱到强成为农业生产结构转换的诱发剂和农业增长的重要源泉。

（二）传统生产要素的改造提升

技术进步能够影响生产函数，提高诸要素的边际生产力，对其他要素产生替代效应，在一定程度上抵消收益递减规律的影响。① 物联网、大数据、空间地理信息和人工智能等现代信息与通信技术在农业生产领域渗透与扩散，对土地、资本、劳动、农资、农机等要素进行改造和升级，提高了诸要素的质量和使用效率，从而对农业生产方式形成冲击，改变了固化的生产经营模式，创新管理和服务理念。因此，数字技术不仅可以作为一个单独的生产力因素，而且可以作为主导因素、伴生因素或辅助条件，成为农业生产结构转换的催发剂，发挥其强大的"乘数效应"和"累积效应"，为农业生产结构转型升级提供新动能。

（三）生产资源要素的优化配置

5G 网络、物联网、大数据、人工智能和空间信息技术等在农业生产领域的广泛应用，推动新兴生产技术、管理手段、服务理念等更快集成与下沉应用，促进农业物质流、资金流和人才流的融通，为合理有效配置农

---

① 曾福生、匡远配：《技术进步促进农业结构变动的理论分析》，载《农业现代化研究》2003 年第 3 期，第 209 – 211 页。

业资源要素和提高要素使用效率提供了现实可能。例如：农村信息基础设施建设和农户家庭智能移动终端的普及，农业大数据平台、电商平台、农技推广平台的建立，打破了农业信息"黑箱"，提升了农产品生产透明度，助力实现生产者与消费者对农业生产全过程、全环节的投入产出信息共享与互动，使得农业生产过程中资源要素配置和调度与农产品市场需求有机相连成为可能；环境信息与病虫信息感知监测系统、水肥一体化灌溉系统、农产品质量追溯体系的建立与完善，打破了资源与环境的约束，提高了农业资源和投入品利用率，精准、集约、节约、高效，低耗、节能环保和安全生态成为其基本特征。因此，数字技术通过实现农业土地、资本、劳动、生态资源等要素配置方式和使用模式创新，为农业生产结构的优化奠定基础。

二、变革迭代生产技术体系

卡萝塔·佩蕾丝（Carlota Perez）的技术—经济范式理论认为，不同技术体系对应和决定着不同经济范式，一旦两者无法相互适应，就会导致技术—经济范式变革与更迭，而变革的动力源泉是技术进步。[1] 布莱恩·阿瑟（W. Brian Arthur）则将新经济形成的"算法"过程进一步诠释为：新技术出现进入现有的技术集合—新技术代替旧技术集合中的部分—新技术带来新元素、提出新的机会利基—旧技术退出、相关附属需求及带来的机会利基消失—新经济出现[2]。也就是说，技术进步对经济结构的促进作用是通过技术结构的累积效应表现的。作为一种革命性的技术进步，数字技术渗入农业生产力系统的各要素之中，丰富其内涵，提高其水平，并促进其技术结构发生变革与升级，从而最终引致农业生产结构的转型与升级。数字技术促进农业生产技术结构变革迭代主要体现在以下三个层面。

（一）"经验化"向"数字化"更迭

长期以来，我国农业生产安排和区域布局以经验式、随意性为主，引

---

① ［英］卡萝塔·佩蕾丝著：《技术革命与金融资本：泡沫与黄金时代的动力学》，田芳萌等译，中国人民大学出版社2007年版。

② ［美］布莱恩·阿瑟著：《复杂经济学：经济思想的新框架》，贾拥民译，浙江人民出版社2018年版。

致农业生产要素无法及时根据市场需求进行优化配置，农产品"过剩"和"不足"等结构性问题时有发生。数字技术与农业的加速融合，推动农业生产技术体系由传统"经验化"向现代"数字化"转型，使得以市场需求为"导航灯"决策农业生产经营、实现农业供给与消费需求的适配成为可能。例如，利用大数据、移动互联网等技术与服务，生产者可以及时有效地掌握农产品需求、价格等市场信息，依据市场信息决策生产内容，从而降低农业生产经营风险。又如，运用物联网、大数据、"3S"等数字技术，生产者可以突破时空限制，实时获取农业生产全过程中水、肥、土、病虫害等数据信息，通过对农产品生产实施在线监控，以及智慧种养、精准饲喂等，生产者能够获得稳定的农产品数量与质量。由此，传统农业中由信息不对称和传导不畅引致的"买难""卖难""多了多了""少了少了"等问题得以解决。

（二）"分散化"向"集聚化"更迭

生产专业化、集聚化是现代农业的内涵特征和本质要求。但长期以来，我国农业生产呈现小规模、细碎化、分散化的特征，直至今日，一家一户、小规模分散经营仍然是我国农业生产组织的主体。美籍奥地利经济学家约瑟夫·阿洛伊斯·熊彼特（Joseph Alois Schumpeter）认为，技术创新及其扩散可以促使具有产业关联性的各部门的众多企业形成集群。[1] 以物联网、大数据、云计算等现代信息与通信技术为媒介或工具整合农业生产、流通、服务、管理等多平台，可以打通农业生产、加工、流通、交易等各个环节，通过自上而下有机整合、计划管理信息资源和生产要素，农业产业链上的企业之间能够紧密合作和相互衔接，形成横向相连、纵向贯通的农业产销一体化集聚区，从而实现农业规模效应和市场竞争力的提升。同时，在集聚区内，数字平台还能加速知识和技术扩散，促进信息、技术传导和交流，有利于育种、栽培、繁育、病虫防控、农药兽药研制、智能化农机装备等技术攻关，以及农产品质量标准制定、生产技术服务水平提升等。由此，以"数字平台"为基础，以数据和信息流为核心，以产业链上多主体协同合作为纽带，通过现代信息与通信技术的植入形成新

---

[1]　魏后凯：《中国农业发展的结构性矛盾及其政策转型》，载《中国农村经济》2017 年第 5 期，第 2 - 17 页。

的农业技术体系，实现农业集约化、集聚化生产，进而实现农业规模经济和品牌价值创造成为可能。

（三）"化学化"向"生态化"更迭

在过去相当长的一段时期内，我国实行的是一种以"保增产"为核心目标的增产导向型农业政策。[①] 与此相对应，粗放型、"化学化"的生产技术也长期是我国农业技术体系的重心。这种以可分散物质资本品投入为主，高消耗、高污染、低效益的化学农业虽然有力地支撑和刺激了农产品产量增长，但农业生产过程中过度依赖资本品要素投入，尤其是化肥、农兽药、饲料添加剂等的过度和超标使用，使得农产品的质量安全面临挑战。随着农业发展阶段的转变和居民消费层次的升级，绿色、生态、品牌农产品供给短缺已经成为"化学"农业无法有效破解的难题。数字技术全面感知、可靠传输、先进处理和智能控制的技术优势，以及优化、集约、高效的管理模式，促进农业生产过程中资源要素合理配置和优化调度，促进农业投入品利用率、农业生产效率和农产品质量提升，为驱动"化学农业"向"绿色农业""生态农业"转型提供了全新的技术手段。基于物联网、大数据、"3S"、人工智能等技术的精准农业、智能农业的兴起，通过对化肥、饲料、农药、兽药、农膜等农业投入品进行全生产过程的精准控制和使用，在提高农资使用效率和转化效能、降低物耗能耗和对生态环境污染的同时，实现了农业生产的质量控制和品牌生产，高效、绿色、生态成为其基本特征。

三、丰富拓展生产部门体系

生产部门体系的丰富拓展作为数字技术赋能农业生产结构优化的重要环节和发力点，其理论逻辑与作用机理主要体现在以下两个方面。

（一）技术—经济范式迭代催生新的农业部门

物联网、大数据、人工智能等现代信息与通信技术内嵌于农业，打破

---

① 魏后凯：《中国农业发展的结构性矛盾及其政策转型》，载《中国农村经济》2017 年第 5 期，第 2 – 17 页。

了农业技术结构原有的平衡，必然引致农业技术—经济范式的更迭，从而解构原有的产业格局，孕育新的生产关系，产生新的生产方式、新的商业形态和新的生产部门。在这一过程中，伴随着数字技术的引入与渗透，一方面，在物联网、人工智能、云计算、大数据等新技术及市场需求的驱动下，原有农业生产部门的某些产品或生产过程的某些阶段分离出来形成了新的部门；另一方面，数字技术的农业应用扩大了社会分工的范围，创造了农业生产活动的新领域，形成了新的农业生产门类，为消费者提供了新的农业产品和服务。例如，随着数字技术的引入，出现了围绕农业生产、加工、流通、管理等各环节的信息数据服务业，监测与决策服务业，农资、农产品流通和休闲农业电子商务业等。

（二）技术—产业关联传递拓展农业部门体系

我国农业的一个突出特点就是分工不发达。从横向看，每一个农户生产的农产品种类多且大多由自身完成整个生产过程。从纵向看，产中与产前、产后基本处于割裂状态，农业生产经营主体呈纺锤形结构，劳动就业基本集中于产中阶段。技术关联是产业关联的核心，数字技术嵌入农业生产环节，在促进农业产中部门分工不断深化、农业生产链上节点不断增加的同时，推动信息、技术由产中部门依次向前向、后向联系部门传递扩散，产中部门与产前、产后部门的技术关联、市场关联得到加强，形成既相互分工又紧密联系、环环相扣、有机联系的一体化整体。随之农业大经济系统中社会分工进一步细化和专业化，农业生产经营主体从以产中部门为主延伸到产前、产后两头以及支撑服务部门。而农业就业结构的改变又导致了农业部门结构的改变，使得农业部门体系不断丰富与健全，农业供给产品与服务日益丰富多样，多元化、个性化的市场需求得以满足。

数字技术赋能农业生产结构优化的逻辑与机制如图4-1所示。

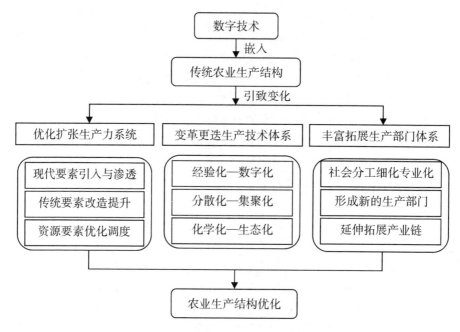

图 4-1　数字技术赋能农业生产结构优化的逻辑与机制

第二节　大数据、云计算实现农业生产科学决策与优化布局

　　满足市场需求是农业供给结构优化的核心特征与根本目的。生产什么？生产多少？如何生产？向谁销售？这些决策直接决定了农业生产与消费需求的匹配度，也决定了农业效益和农户收益。近年来，大数据、云计算等新一代信息与通信技术蓬勃兴起，为农业生产科学决策与优化布局提供了新的方法与路径，为生产有效对接市场和更好响应匹配需求预期提供了新的思维模式和技术手段。

一、大数据、云计算实现农业生产科学决策与优化布局的技术路线

农业是大数据产生与应用的重要领域，推动云计算、大数据技术在农业生产、经营、管理和服务等方面的创新应用，使农业大数据成为农业生产的"定位仪"、农业市场的"导航灯"和农业管理的"指挥棒"①，是现代农业供给结构转型升级的核心关键所在。云计算与大数据技术的融合创新，极大地提升了我国农业信息化、数字化的服务能力，使信息、数据在农业发展中的重要功能和巨大潜力得以充分发挥。

（一）农业大数据的基本内涵

农业大数据是一种集成、高效、开放的数据系统与服务业态。通常是指利用物联网、大数据、云计算等现代信息与通信技术对农业生产、经营、流通、管理等活动中形成的数据资源进行收集、鉴别、标识，建立包括农业生产资料、种养运营、加工储运、市场营销等数据资源在内的数据库，通过参数、模型和算法来组合与优化多维、异质、海量的数据，形成高附加值、多时空特征的数据集，为农业提供可视化的数据服务。

（二）农业大数据的关键技术

农业大数据的关键技术主要包括大数据采集、存储、分析与处理、挖掘以及可视化分析技术等。其中，大数据采集技术主要有传感器与传感网络技术、农田空间信息技术、生命信息智能感知技术、农业遥感技术、智能终端与通信网络技术、网络爬虫技术等；大数据存储技术主要通过文件系统和数据库将采集的数据存储起来，文件系统一般采用分布式文件系统，数据库有传统关系型数据库、非关系型数据库和并型数据库系统；大数据分析与处理技术有流式处理、批处理技术；大数据挖掘技术分为描述性、预测性、规则性三种模式。

---

① 参见《农业部关于推进农业农村大数据发展的实施意见》，见中华人民共和国农业农村部网（http://www.moa.gov.cn/nybgb/2016/diyiqi/201711/t20171125_5919523.htm），2017年11月25日。

（三）大数据、云计算促进农业生产科学决策与优化布局的技术路线

云计算、大数据技术在农业领域的引入与渗透，加快了农业大数据的收集、处理、分析、挖掘，及其在农业生产、经营、管理和服务等方面的创新应用，有利于实现农业决策综合数据分析、农业生产过程智能监测控制、农产品质量安全追溯管理和农业综合信息服务等功能，提高农业全要素的利用效率和农业生产精准化、智能化水平，从而助力实现农业生产科学决策与优化布局。

二、大数据、云计算实现农业生产科学决策与优化布局的应用场景

大数据、云计算在农业生产中的应用场景主要是为现代农业生产经营提供决策依据，并为农业生产自动化控制和精准化操作引入数据资源要素，尤其在农产品市场分析与预测、农业生产监控与调度、农产品质量安全溯源等方面已显现出巨大魅力。

（一）预测需求，合理布局

由于生产周期长、自然风险高、消费群体大，农产品市场行情往往难以准确判断，无论是农业生产者还是农业管理部门都存在着一定程度的生产盲目性和决策经验化。大数据、云计算技术的兴起及与传统农业的融合，为农业生产经营和管理决策提供了稳固的数据支持，使得以市场需求为"导航灯"决策农业生产经营内容成为可能，从而降低了农业市场风险。例如，借助"大数据＋ELES①"模型分析，可以洞悉消费者的偏好和支付意愿，以及购买行为、购买需求和购买习惯等，精准化掌握农产品的需求动向，得出消费者真实的市场需求和区分不同的消费者市场，从而大大提高农业市场预判的准确性，稳定实现农业生产预期。基于大数据、

---

① 扩展的线性支出系统（Extend Linear Expenditure System，ELES）是目前国际上较为理想的消费需求分析模型，是经济学家朗茨（C. Liuch）根据著名经济学家斯通（R. Stone）的线性支出系统（LES）模型改进的一种需求函数统计方法。

云计算的农业生产综合服务云平台能够对农作物主要产地或规模养殖场进行动态监测，并根据长势和存栏情况对未来的产量进行评估，从而提高农业管理者和服务组织规划、指导农业生产布局的科学化程度，过去那种主要依据当地惯例能种养什么就种养什么的盲目市场行为将势必减少。例如，重庆荣昌国家生猪大数据中心在全国设立 303 个生猪数据采集点，[①]采集与分析生猪养殖、加工、储运、销售等全产业链各环节大数据，定期发布全国生猪价格行情、生产行情、消费行情等各类分析报告，为政府管理部门和涉猪企业有效破解"猪周期"难题提供决策参考和数据支持，避免生猪供求周期性失衡和价格波动。此外，旅游业发展动态数据资源的分析挖掘及其与农业农村大数据的融合应用，以地理信息定位系统、云计算、大数据技术为支撑，对搜索引擎、社交平台、电商交易平台上的用户数据信息加以深度挖掘，可以促进休闲农业和乡村旅游业的发展，实现农村三产互动与协调发展。

（二）对接市场，科学施策

传统农业生产经营中由"信息孤岛"引致的"买难""卖难"问题普遍存在。大数据、云计算能实现农业生产监测评估、农产品价格监测预测以及流通态势显示，从而有效解决供需信息不对称问题，为农业生产调度及农民增收提供准确的信息与数据支持。在生产决策方面，农业生产经营者可以通过大数据平台发布的数据资讯，掌握最新的农产品地理分布、价格走势、农时农事、农业政策等市场信息，然后结合自身资源情况依据市场需求决策生产重点，甚至可以通过精准、高效、可视化的大数据信息服务直接决定生产内容；在生产调度方面，大数据平台能够实时监测动植物的生长、库存、运输及销售等情况，并可实现农产品消费市场监测与预测分析，为生产、流通调度提供依据；在生产收益方面，可以利用大数据分析与挖掘技术构建农产品价格走势模型，实现农产品价格波动监测与预测预警，生产经营者能够通过价格信息的获取和分析了解市场动向，根据收益最大化原则对生产数量和订单方向以及价格做出及时调整，以此促进农产品产销精准对接，克服供需市场中由信息不对称造成的效率和收益损

---

① 参见《全国畜牧总站与荣昌区共建国家级生猪大数据中心》，载《北方牧业》2021 年第9 期，第 19 页。

失问题；在品牌打造方面，基于大数据、物联网的农产品质量安全追溯系统的建立，可以实现农产品"从农田到餐桌"全过程可追溯，引导和倒逼生产者保障消费者"舌尖上的安全"，保障农产品的优良品质并为区域地标品牌建设提供背书。同时，消费者从过去的"信息盲区"角色，转变为能够参与种养业生长全程监控和对农产品进行追根溯源的信息共享互动者，从而有益于农业品牌建设与市场拓展。例如，中国种业大数据平台的上线运行，实现了种业信息互联互通、种业数据公开共享，种子品种、质量和市场主体可追溯，为确保农民购种无忧、企业科学决策、政府便捷监管提供了同步快速的数据展示、全景可视的监测预警和科学精准的决策支持。

（三）全面感知，精准作业

在精准化、智能化生产方面，将大数据、云计算技术与传感网络技术、遥感地理信息技术等相结合，通过采集、分析、挖掘农业生产环境、生产设施和动植物本体感知的大数据，可精确指导灌溉、植保、施肥、饲喂和农机作业等；在减灾防灾方面，农业灾害基础数据库和大数据平台具有灾前预警、灾中应急指挥、灾后损失评估等功能，可最大程度降低干旱、洪涝、台风等重大自然灾害给农业带来的损失；在环境监测治理方面，农业资源环境本底数据库的建立，对农产品产地环境、面源污染等农业环境大数据的采集与分析、挖掘，为"一控两减三基本"[①] 行动的实施提供数据支撑；在病虫害监测预警方面，动物疫病和植物病虫害信息数据库、重大动物疫病和植物病虫害防控指挥调度系统的建立，可提升动物疫病和植物病虫害监测预报的系统性、科学性和准确性；在土地管理方面，利用数字地球可视化框架，将空间地理信息与土地属性信息融合，可为国土规划及农地流转提供基础数据支撑。例如，中国农业科学院柑桔研究所基于大数据技术研发的慧橘大数据云共享与智慧决策平台[②]，通过利用平台的 CFWCA 和 FPDIA 算法进行橘园水、肥、药管理智慧决策、环境及灾

---

① "一控两减三基本"指控制农业用水总量，化肥、农药减量使用，畜禽粪污、农膜、农作物秸秆基本得到资源化利用。

② 温晗秋子、郑永强、刘杨：《柑橘大数据研究与应用》，载《农业大数据学报》2021 年第 1 期，第 33 - 44 页。

害预警和水肥一体化、地面变量喷药，与相同条件下传统栽培对照相比，可使柑橘挂果量提高55%，单果重提高28%，施肥量减少20%，灌溉用水量降低30%。

三、大数据、云计算实现农业生产科学决策与优化布局的推进路径

大数据、云计算作为数字时代我国农业生产方式变革与生产结构调整优化的重要手段，展现出广泛的应用前景和蓬勃生机，但目前尚处于起步阶段，在技术、设施、应用层面都面临一系列亟待解决的问题，必须聚焦重点领域和关键环节，加快应用场景落地。

（一）加速农业大数据关键技术的研发与集成

目前，我国已在农业数字信息标准体系、农业数字信息采集技术、大比例尺的农业空间信息资源数据库、数字化农业宏观监测系统、动植物生长模型与数字化虚拟设计技术等研发与应用上取得重要成果，形成了我国数字农业技术框架体系。但针对农业数据多源异构、时效性强、潜在价值难挖掘等特点的大数据采集技术、识别技术以及融合技术依然缺乏，难以为农业生产提供精准、高效、可视化的数据服务。因此，要进一步加快农业大数据关键技术的研发与集成，为大数据服务农业生产发展提供技术贮备与科技支撑。

进一步加快农业大数据提取技术的研发，特别是要加强数据获取工具的研究，通过对数据清洗处理技术的应用，构建多维度数据切片，为农业异质、异构、海量、分布式大数据分析提供支持。加快农业大数据识别技术、集成与整合技术以及数据标准技术的研发，特别是要针对种养业生产、加工、储运、销售等全过程、多要素、多环节的大数据整合和标准化开展关键核心技术攻关，突破农业异质数据转换、集成技术和海量数据快速查询、调度管理技术。加快农业大数据分析与挖掘技术的研发，围绕动植物营养、病虫害防治、市场预警等重点领域，基于云计算技术开展并行高效农业数据挖掘算法研究，建立智能机理预测分析模型和智能分析决策模型，以更好地为农业规划布局、精准作业、动物疫病和植物病虫害监测预警、农产品产销监测分析等提供高质量的大数据应用服务。

（二）推进"数据＋应用＋服务"一体化的农业大数据云平台建设

近年来，我国农业大数据基础设施与平台建设快速推进，国家和省级农业数据中心与国家农业科技数据中心相继建立，12316"三农"综合信息服务中央平台投入运行。但目前我国农业大数据资源研究与平台建设总体仍然滞后，特别是融农业"全系统、全要素、全过程"的数据采集、分析挖掘、共享交换、应用服务于一体的系统集成平台少，发展水平低，难以为农业生产管理决策提供科学性、系统性、高效性和精准性的数据服务。为此，必须集大数据科学与现代农学于一体，基于传感网络、卫星遥感、空间信息、智能终端、通信网络、云计算等新一代信息与通信技术，打造"数据＋应用＋服务"一体化的农业大数据云平台，以分析挖掘为手段，以应用服务为宗旨，锻造和提升农业全面感知、精准种养、高效流通、快捷服务、智慧决策和科学管理的核心能力，最终实现大数据赋能农业生产结构优化的目标。

通常，"数据＋服务＋应用"一体化的农业大数据云平台主要包含四层系统架构。其中，基础设施IaaS层主要对多维、异质、海量的农业数据资源进行监控、运维与集约化管理；大数据中心DaaS层以存储地理空间数据、农业市场信息及农业品种、生产履历、产量等各类农业业务数据为主，形成基础资源库、农业主题资源库以及共享资源库等数据资源；平台PaaS层主要运用关联分析、知识挖掘等大数据分析方法，解决农业生产经营及相关领域的数据价值发现问题；软件SaaS层针对农业种养、加工、流通以及社会化服务和监控管理等典型需求开拓农业大数据重点应用，提供共性及可定制化的特色服务。

（三）加快农业农村大数据应用服务

应用是使用大数据的最终目的。但目前大数据在我国农业领域的应用尚处于起步阶段，呈点状发展。由于农村信息基础设施相对落后，天空地网一体化数据覆盖率低，加之农民对数据信息的获取与应用能力弱，制约了大数据赋能农业生产结构优化的进程。因此，要强化顶层设计，大力推进农业农村大数据应用服务，鼓励农业生产经营主体进行农业数据的生产、交易，推动大数据在农业领域中的有效运用。

此外，还要加快数据立法，制定合理的政策、法规及操作程序，保证农业信息市场的健康有序和良性发展，促进农业数据资源的公开开放，以服务引领农业发展。加大投入力度，加快农业农村信息化基础设施建设，支持电信企业全面提速农村地区大数据新基建，推动农业农村数字化转型升级，扩大网络信息覆盖范围，为农业大数据的稳定应用提供基础保障。进一步推动国家和省级农业大数据中心创新体系建设，深化应用创新，提升服务创新，加强涉农数据的收集、识别、传输、分析、挖掘，为农业经营决策、生产作业、灾害防控、市场监测等提供数据支撑，推动利用大数据、云计算技术等发展农业新业态、新模式。支持互联网企业联合农业企业、合作组织等建立农业大数据平台，协同开展耕地营养监测、动植物疫情防控、农产品市场分析等数字农业技术研发与推广，为农业生产、加工、流通、管理等全产业链数字化运营提供技术支撑与应用服务。

第三节　精准农业、智慧农业实现农业生产绿色化与品牌化

面对我国农业供给的质量、效益、竞争力难题，以及资源、环境、生态压力，基于"3S"、物联网、大数据、人工智能等现代信息与通信技术发展与应用的精准农业（Precision Agriculture）、智慧农业（Smart Agriculture），为我国实现农业生产绿色化、品牌化提供了根本手段和重要路径。

一、精准农业、智慧农业实现农业生产绿色化与品牌化的技术路线

当前，精准农业、智慧农业正在快速由理论转向实践、由技术转向产业。[①] 推动现代农业向数字化转型，向精准农业、智慧农业升级，世界各国都在抢占先机。

---

① 刘海启：《以精准农业驱动农业现代化加速现代农业数字化转型》，载《中国农业资源与区划》2019 年第 1 期，第 1 - 6、73 页。

（一）精准农业实现农业生产绿色化与品牌化的技术路线

"精准农业"被誉为"信息时代作物生产管理技术思想的革命"，也被称为"信息时代的现代农田精耕细作技术"。自 20 世纪 90 年代中期以来精准农业在欧美等发达国家的实验研究与农业实践中获得快速发展。尽管目前对精准农业还没有统一的定义，但作为基于现代信息与通信技术综合集成应用管理复杂农业系统的一种现代农业生产方式，其核心是利用卫星导航定位系统（GNSS）、遥感（RS）、地理信息系统（GIS）等地理空间信息技术，实现农业生产灌溉、施肥、喷药、除草、收割等精准作业，在高效利用资源、减少投入、降低污染的同时，提高农业产出，保障农产品品质与食物链安全。

"十三五"期间，我国就明确规定了"一控两减三基本"的农业污染治理方案与阶段性目标，但由于缺乏行之有效的技术手段和生产措施，高投入、高消耗的粗放式农业生产方式难以改变，环境污染与食品安全问题时有出现。精准农业从技术路线上构建了资源节约、环境友好、生态保育的农业生产模式，保障农业要素投入的合理、精准、高效，使得生产高产、优质、健康农产品更好满足城乡居民消费需求成为现实可能。

（二）智慧农业实现农业生产绿色化与品牌化的技术路线

智慧农业是数字时代农业发展的高级形态，其突出特征在于物联网的全面应用。从本质特征来说，智慧农业是由物联网感知层、物联网传输层、物联网应用层三个基本模块构成的物联网体系。[1] 其核心关键技术主要是信息感知技术［包括射频识别（RFID）、全球定位系统（GPS）、遥感（RS）等］和无线传感网络（WSN）技术。智慧农业代表着现代农业生产力的最新发展水平，日渐成为世界农业发展的重要方向。[2]

智慧农业集物联网、大数据、人工智能等现代信息与通信技术及专家系统为一体，能够实现农业全系统、全过程、全要素的实时感知、远程诊

---

① 刘丽伟、高中理：《美国发展"智慧农业"促进农业产业链变革的做法及启示》，载《经济纵横》2016 年第 12 期，第 120 – 124 页。

② 张叶：《智慧农业："互联网＋"下的新农业模式》，载《浙江经济》2015 年第 10 期，第 56 – 57 页。

断、智能控制等,具有"生产智能化""产品差异化""效益最大化"的显著特征与优势,在推动农业生产方式变革的同时,可保障农产品优质化、绿色化等农业供给结构优化目标的实现。

二、精准农业、智慧农业实现农业生产绿色化与品牌化的主要模式与实践路径

20 世纪 80 年代,美国率先提出精确农业的构想。进入 21 世纪之后,精准农业技术和应用模式逐渐成熟,在世界各地形成了不同的特色。近年来,随着物联网等新一代信息与通信技术的迅猛发展,智慧农业在发达国家悄然兴起并快速发展,推动现代农业迈向更高发展阶段。我国精准农业、智慧农业起步较晚,目前尚处于实验研究或试点示范阶段。未来,应基于要素禀赋、耕地属性、农作物特性和农业经济、科技发展水平,探索出适合区域农情的精准农业、智慧农业发展模式,走出各具特色的精准农业、智慧农业实践路径。

(一)精准农业的发展模式与实践路径

1. 高级化精准农业模式

这一模式以美国、加拿大、德国、澳大利亚、丹麦等欧美发达国家为代表,将现代信息技术、农业生产技术和工程技术综合集成,形成基于"3S"信息技术体系、先进农业管理系统和农业机械设备支持的,以大规模农地播种、施肥、喷药、收割等多环节精准作业为特征的高级精准农业模式。[①] 这种典型意义上的精准农业模式在美国、欧盟等发达国家和地区的大农场被广泛使用,以最大限度地优化农业投入,实现单位面积投入与产出比最佳,同时减少环境污染,保护生态环境及食物安全。

我国土地广袤,自然条件各异,农业发展基础差异明显,因而发展精准农业要因地制宜。在东北平原、华北平原和新疆绿洲等土地集中、经营规模较大、机械化程度较高的地区,在农业发达、已有较好基础的东部地区和现代农业示范区,可以循序渐进,探索在粮食作物和经济作物大田种

---

① 方向明、李姣媛:《精准农业:发展效益、国际经验与中国实践》,载《农业经济问题》2018 年第 11 期,第 28 - 37 页。

植中发展这一精准农业模式。目前，在我国黑龙江、吉林及新疆等地区的小麦、棉花等作物生产中，高度信息化的精准农业模式已开始试验示范。

2. 工厂化精准农业模式

这一模式以荷兰、以色列等为代表，是基于自然环境和主产作物特点，形成侧重自动化温室控制、精准化节水灌溉、水肥一体化等技术的小型工厂化精准农业模式。该模式采用高精度土壤温湿度传感器远程采集土壤墒情、养分等信息，采集到的数据经过处理分析后，通过控制系统实现自动预报，进行灌溉用水、施肥等智能决策，远程自动启动设备，实现准确感知、精确施肥、合理灌溉。在荷兰，智能化、自动化的温室控制技术广泛应用于花卉、蔬菜及水果种植，并获得了高附加值的收益。面对沙漠广布、气候干旱等恶劣的自然环境，以色列则以小型工厂化精准农业创造了"沙漠奇迹"，不仅保证了农产品的自给自足，而且实现了农产品的大量出口，其精确化的水肥一体化技术广泛运用于温室、沙漠地带、绿化带等区域。

我国农业灌溉水的利用率、化肥和农药的利用率远低于发达国家水平，应大力倡导精准化节水、节肥、节药灌溉技术，特别是在宁夏、甘肃、新疆等水资源匮乏的西北干旱地带，应大力推广漫灌、滴灌及微灌技术。在花卉、水果、蔬菜等设施农业中，则应大力推广应用自动化温室控制技术，打造品牌，提高竞争力和附加值。

3. 特色化精准农业模式

以东南亚各国以及伊朗、阿根廷、巴西等发展中国家为代表，将精准农业技术应用于经济类作物种植，走出了一条高附加值的特色化精准农业之路。其中，在菲律宾、印度尼西亚、马来西亚、越南、孟加拉国、伊朗等国的小农场中，卫星导航定位系统（GNSS）、地理信息系统（GIS）、变量施肥、测土配方施肥等技术普遍应用于橡胶、油棕、甘蔗、果树等经济作物的生产种植中，获得了良好的经济和环境效果。

从技术应用类型和目的来看，特色化的精准农业主要有以 GIS 技术为主的节劳模式、以精准灌溉技术为主的节水模式、以测土配方施肥技术为主的节肥模式、以气象监测技术为主的防灾模式等。在我国广大的山区和丘陵地区，受制于土地细碎化等自然条件的限制，在生态农产品的生产和特色品牌化农产品的打造中，可以因地制宜地采用单一的节劳、节水、节肥、减灾等技术，也可以综合集成卫星导航定位系统、地理信息系统、变量施肥、测土配方施肥等技术，推广应用特色化的精准农业作业模式。

（二）智慧农业的发展模式与实践路径

2010 年以来，我国已在具备条件的省市启动了一批智慧农业试点项目，分别在大田作物、设施果蔬、畜禽水产养殖等领域开展以物联网技术为核心的数字农业应用示范。借鉴国外发展经验，我国智慧农业发展模式与实践路径可分行业、分阶段有步骤推进，因地制宜，循序渐进。

1. 智慧大田种植业

在我国，大田种植主要以分散经营为主，规模相对较小，加之大田作物一般附加值较低，而数字技术与设施、设备投入大，势必影响农户使用的积极性。同时，大田种植的自然属性较强，受地理、气候和自然生态影响大，生产周期长，对种植环境的监测和控制难度大，田间气象站、农机变量作业、水肥药一体化等技术应用手段和经营管理模式比较单一，综合集成应用较难。

在智慧种植业的初级阶段，农业物联网逐渐得到应用，大田种植基本实现在线监控，稳定成熟的先进传感器远程在线采集土壤墒情、养分、环境等参数，采集到的数据经过大数据技术处理分析后，通过专家系统进行灌溉用水、施肥、植保等智能决策，并远程自动启动设备，实现准确感知、精细作业、合理灌溉施肥等作业操作。

在智慧种植业的成熟阶段，现代信息技术、农业技术和工程技术综合集成，并与专家知识智慧、管理决策有机结合，形成基于 5S 技术体系［卫星导航定位系统（GNSS）、遥感（RS）、地理信息系统（GIS）、专家系统（ES）和决策支持系统（DSS）］的智能化大田种植模式，可实现对大田种植生长环境（水、土、光、热、肥等）和农情（苗情、墒情、虫情、灾情等）状况的在线监测、远程调控、智能作业，并可对农作物生长状况进行评估预测，进而将全国大田种植信息节点连通，进行全国范围内尤其是粮食主产区种植品种和种植面积的优化布局。根据农作物的生长周期和长势，实时预测产量，预测防范病虫害、自然灾害等，并与农产品加工业、农产品消费市场建立关联反馈，最终实现农业适配、高效、生态的目标。

2. 智慧设施园艺业

设施园艺业以蔬菜、花卉、水果为主，产品附加值高，设施空间范围较小、相对密闭，受地理、气候等自然条件约束小，植物生长环境便于调节，有利于农业数字技术的推广应用，尤其是大型现代化温室的建立及配套设施的不断完善，为数字化、智能化提供了良好条件。目前，我国设施园艺业总体已处于数字技术综合集成应用阶段，精准化、智能化水平明显提高。由于经济、技术、设施等条件存在差异，生产经营主体可依据自身情况选择合适的发展路径。

在智慧设施园艺初级阶段，现代信息与通信技术被广泛应用于植物生长环境和生长性状的综合感知与控制，数字化、智能化水平明显提高，可实现光、温、水、土、肥、药等自动监控和机械化作业的自动化控制，并且应用环节将由单一的栽培扩展到播种、育苗、定植、收获、包装、运输等设施园艺生产全链条。

在智慧设施园艺成熟阶段，现代信息与通信技术将作用于"植物—环境"系统整体，并与用户、市场紧密联系。这一阶段，现代信息与通信技术被应用于植物生长模型和环境因子动态模型的互反馈，形成"植物—环境"协调关系，将实现多因子环境与植物生长的协调优化控制。在设施内部高度数字化、智能化的同时，现代信息与通信技术还驱使设施与外部环境不断加强联系，设施园艺种植开始与加工、储运、物流、市场价格等通过大数据建立关联，根据产业链上各经营主体的经营活动和最终消费者的意愿调节和决策生产活动。

3. 智慧禽畜养殖业

智慧畜禽养殖业以工厂化养殖为主要应用环境，目前我国畜牧业已基本完成了从千家万户小型养殖向工厂化、集约化生产格局的转变，大部分养殖场已具备信息化、自动化的应用条件，整体上已进入现代信息与通信技术综合集成应用的中后期，正在迈向全面融合创新的智慧化高级阶段。

在智慧畜禽养殖初级阶段，畜禽养殖环境监控系统、饲料自动饲喂系统、畜禽疫病诊断和防控系统等信息系统建设完善，广泛应用于环境监控与动物个性的综合管理。畜禽养殖环境监控系统对养殖环境中二氧化碳、二氧化硫、氨气等参数进行实时监控，饲料自动饲喂系统根据畜禽生长周期、进食情况等信息进行优化调控，畜禽疫病诊断与防控系统依据可视设备传输病情、疫情等信息，并实现闭环自动控制、精准作业与管理。

在智慧畜禽养殖成熟阶段，能够进一步将环境监控、畜禽生长发育管理、畜禽制品加工、质量安全追溯、市场价格波动、最终消费者反馈等进行有效关联和协同管理。养殖作业人员通过手机或电脑终端录入各类生产经营信息存储于云端，并按市场信息进行计划分析、预测预警等，实时、在线、智能化地生成养殖作业工单；养殖管理者可以通过云平台提供远程诊断和实时在线服务，在做经营决策时还可获得数据支持；行业管理者可以进行行业动态监测，结合市场价格、交易流向、行业统计等外部数据进行数据分析，形成整体和区域行业态势的判断和预测，科学指导生产。

4. 智慧水产养殖业

目前，规模化养殖已经成为我国水产养殖的主要形式，以工厂化养殖和网箱养殖为代表的集约化喂养逐渐取代粗放式放养，并且随着养殖设备的日益丰富和完善，现代信息与通信技术与自动化、机械化技术联手为智慧水产养殖奠定了基础。总体而言，目前我国水产养殖业处于现代信息技术综合集成应用的深化阶段，精准化、智能化水平达到了一定的高度。

在智慧水产养殖初级阶段，实现水体环境多因子控制与水产品个体性状监控，在基础条件较好的规模化水产养殖场，开始应用具有自动识别功能的检测传感器、视频监控系统、智能化控制系统等。利用这些设备和技术，能够根据所养殖的水产生物品种、养殖时间和水质条件，进行投饵设备的智能化控制，以及换水、增氧、增温、喂料等自动操作，养殖过程基本实现了精细化和智能化，能够明显起到节本增效、提高水产品质量的作用。

在智慧水产养殖成熟阶段，除了能对养殖环境因子、水产品个体性状进行综合调控外，现代信息与通信技术还将养殖过程与病害防治、加工储运、质量安全追溯、市场价格波动、养殖品种规模调节等进行有效关联，实现更高程度的智能化。这一阶段，利用现代信息与通信技术对水体质量监测、投饵、捕捞等进行精准、自动作业，对加工、仓储、物流、交易等进行自动化管理，在减少人力、物力投入，提高水产养殖效率和经济效益的同时，推动水产养殖走向联合，吸引各种行业协会、水产组织进入水产养殖虚拟协作网，并与最终消费市场和消费者喜好进行关联，形成数据驱动、实时优化、科学养殖的水产养殖新模式。

三、精准农业、智慧农业实现农业生产绿色化与品牌化的推进对策

目前我国尚处于精准农业、智慧农业发展的起步阶段，在学习借鉴国际成功经验的基础上，选择适合我国国情、农情的推进对策尤为重要。

（一）建立研发、推广、服务三位一体的技术支持体系

发展精准农业、智慧农业，研发是前提，推广是载体，服务是后盾。在美国、加拿大、德国、丹麦等发达国家，政府非常重视精准农业和智慧农业的发展，但在初期技术推广应用进展缓慢，进入 21 世纪后则以较快的速度发展，此后稳定在一个较高水平。在这一过程中，农业科研、推广、服务三位一体的技术支持体系起到了非常重要的作用。美国最注重的是在精准农业技术试点示范后，由研究者对新技术的实施效果进行效益评估，并由大学负责向农民展示其带来的收益。[1] 丹麦则通过国家农业中心、地方农业咨询机构的通力合作，形成完善的科技推广与服务体系，通过培训、展示等来示范推广精准农业技术。目前，我国要在强化精准农业、智慧农业技术研发的基础上，加快建立研发、推广、服务三位一体的技术支持体系，通过研发—应用的互反馈，使技术研发更具针对性和实用性，使生产应用更有速度和效益。

（二）推进农业经营制度和经营方式创新

精准农业、智慧农业诞生于以大规模农场为主的美、欧国家，但其理念和技术也受到了以小农为主的一些国家的认可，并在实践中探索出了适合本国农情的发展路径。例如，日本目前已成为世界上先进精准农业的代表国家之一[2]，其精准农业共同体的发展模式和路径值得借鉴。当前，我国农业经营在以家庭承包经营为基础、统分结合的双层经营体制基础上内

---

[1]　方向明、李姣媛：《精准农业：发展效益、国际经验与中国实践》，载《农业经济问题》2018 年第 11 期，第 28 - 37 页。

[2]　周振、孔祥智：《新中国 70 年农业经营体制的历史变迁与政策启示》，载《管理世界》2019 年第 10 期，第 24 - 38 页。

生演化出了许多新变化，出现了家庭经营、集体经营、合作经营、企业经营等共同发展的经营方式①，但总体来说，小规模农户分散经营仍为主体，土地面积小且分散，种植品种多样，经营主体、土地规模、经营成本对精准农业、智慧农业技术的导入仍构成制约。因此，必须在巩固和完善农村基本经营制度的基础上，鼓励土地经营权流转和发展适度规模经营，在租赁、转包、转让、入股、托管等基本流转形式的基础上，以组建农民合作社、成立农业发展公司、建立合作经营实体等集中产权组合方式来进一步推动土地流转，为精准农业、智慧农业发展奠定土地规模化、集约化的基础。同时，加快培育新型农业经营主体，扩大新农人、农业企业和现代家庭农场的土地经营规模，鼓励新型农业经营主体向精准化、智能化生产作业方向发展。

（三）循序渐进，因地制宜，分阶段、分领域推进

从基础设施、技术、人才、试点探索来看，当前我国发展精准农业的基本条件已经成熟，可以按照"试验区—核心区—辐射区"方式，将试验示范积累的精准农业技术及经验向全国有条件的地区推广。例如，在具备条件的大宗农产品规模生产区域，构建空、天、地、网一体化的农业物联网测控体系，实施播种、灌溉、施肥、植保、收割等精准化作业，形成中国特色的精准农业发展模式。根据我国农区的资源禀赋、种植类型、经营主体特征等，结合精准农业技术要求，可将我国农区划分为若干个典型区域，针对每个区域制定适宜的精准农业发展模式（见表4-1）。

表4-1　我国不同农区适宜的精准农业发展模式

区域	资源禀赋与种植作物	精准农业发展模式
东北地区	土地集中连片，水热光不足或不均，粮食作物有玉米、稻谷、小麦、高粱等，经济作物有大豆、甜菜等	以农场为单位的大型精准农业模式，主要推广精准施肥、精准喷药、农机定位耕种等技术及装备

① 周振、孔祥智：《新中国70年农业经营体制的历史变迁与政策启示》，载《管理世界》2019年第10期，第24-38页。

续上表

区域	资源禀赋与种植作物	精准农业发展模式
华北平原	土地平坦连片，光热适中，干旱，粮食作物有小麦、水稻、玉米、高粱等，经济作物有棉花、花生、芝麻、大豆等	以合作社为主体的工厂化精准农业模式，主要推广精准施肥、精准灌溉、精准喷药、农机定位耕种等技术及装备
长江中下游地区、珠三角	土地分散，水热光资源丰富，粮食作物以水稻为主，一年两熟到三熟，经济作物有棉花、油菜等	以合作社为主体的工厂化、特色化精准农业模式，主要推广精准喷药、水肥药一体化等技术及装备
河套平原、新疆绿洲农区	土地集中，水资源匮乏，气温低，粮食作物有小麦、玉米等，经济作物有棉花、糖料等	以农场为单位的工厂化精准农业模式，主要推广覆膜、滴灌、水肥药一体化精准施用、农机定位耕种等技术及装备
西南地区、山地农业区	土地面积小，水热光资源差异大，时空分布极不均，粮食作物有麦、稻、玉米等，经济作物有水果、花卉、茶、烟、药材等	以合作社为主体的特色化精准农业模式，主要推广以精准灌溉技术为主的节水模式、以测土配方施肥技术为主的节肥模式、以气象监测技术为主的防灾模式

当前，智慧农业生产方式在我国大田作物种植中还处于试验试点阶段，应进一步增强智慧农业发展理念，加快技术创新和农业基础设施建设，创造条件在现代农业示范园区和具备条件的农业发达地区进一步试验示范，总结经验，不断完善，推广成熟可复制的农业物联网应用模式，创造运用现代信息技术改造传统农业的伟大实践。在设施园艺、禽畜养殖、水产养殖中，则已初步具备发展智慧农业的条件。应采用需求牵引、技术推动，突出重点、典型示范的方式，进一步强化关键核心技术的研发和综合集成，推出一批面向特定领域、特定区域的智慧化农业信息技术应用开发框架，建立起范畴更广、数量更多的智慧农业应用场景，提高现代信息与通信技术对农业发展的贡献率，取得更大的经济效益、社会效益和生态效益。

第四节　数字技术赋能农业生产结构优化的案例研究

近年来，数字技术与农业的融合不断深入，为我国农业生产方式创新和生产结构优化提供了崭新的思维模式与实践路径。本节以湖南省益阳市赫山区菱角岔村为样本，采用单案例研究方法，探讨数字技术赋能农业生产结构优化的实践模式与路径，以期对前述理论有所佐证与解释，同时也希望为我国农业生产结构数字化转型升级提供借鉴。

一、研究设计

（一）案例选择

本研究选取湖南省益阳市赫山区菱角岔村作为典型案例。菱角岔村位于湖南省益阳市赫山区泉交河镇。全村共有 44 个村民小组，1045 户，4138 人。土地面积 8.2 平方千米，具有"一分丘山两分岗，五分平原两水乡"的特点。村庄属中亚热带向北亚热带过渡的季风性湿润气候，光温匹配、雨热同期、土壤肥沃、耕地连片，农业发达。2017 年以来，该村抓住益阳市获批国家现代农业示范区、湖南省现代农业改革实验市的机遇，采取"政府＋企业＋合作组织＋农户"全产业链运营模式，充分利用物联网、大数据等现代信息与通信技术成果，推进农业投入减量化、生产精准化、产品品牌化。目前，该村成为湖南省智慧农业建设的"第一村"，引领现代农业转型升级迈向更高水平。

（二）研究方法及数据来源

采用实地调研、小型座谈会和多途径访谈等方法，对菱角岔村数字农业的发展模式与路径进行探索性和解释性研究。研究团队前往赫山区农业局和菱角岔村进行实地考察，与企业、政府进行调研座谈，对农户、农技人员等进行深度访谈，充分了解菱角岔村数字农业的发展背景、发展过程、发展特征与成功经验等，并对企业、农户、政府、科技服务组织等主体的作用和菱角岔村经济、社会、生态发展等方面的情况进行了实地调研与数据资料收集。此外，研究团队也从报刊、网络上收集了部分二手资料，最后对数据资料进行了全面梳理与归纳总结。

二、案例分析

（一）菱角岔村的农业数字化之路

1. 建设农业大数据平台

推动数据资源在农业生产、经营、管理和服务等方面的创新应用，是现代农业发展的核心关键所在。但目前农业数据源出多门、标准不统一、更新不及时、数据融合度低，导致数据应用难、共享难。对此，赫山区农业局联合移动运营商，运用 5G、云计算、大数据、物联网、GIS 等新一代信息与通信技术，统筹推进了农业大数据平台建设，为菱角岔村农地流转、资源配置、生产决策、智能化作业、三产融合和全产业链协同发展等提供数据支撑与决策支持。全村建立了统一的"农业数据标准"，包括数据元素标准、信息分类编码标准、用户视图标准、概念数据库标准和逻辑数据库标准等。在此基础上还建立了农业全产业大数据库，涵盖全村人、财、物等基础信息，以及农业生产数据、土地流转数据、社会化服务数据等。同时，基于 GIS 技术，构建了面向决策的农业"一张图"，并联合农政云、农业云、农服云等平台，将各个平台的数据整合处理，实现了数据的集中、规范和共享，打造了一个集采集、分析、预测、发布等功能于一体的数字乡村综合服务体系，提供了多种应用场景与数据服务。充分发掘数字资源的巨大潜力，实现"以图管地、以图防灾、以图管产、以图智农"，促进菱角岔村农业发展全面升级。

2. 推进智慧农业建设

2016 年以来，菱角岔村以优质稻、蔬菜、水果、畜牧、水产等优势产业为核心抓手，积极推进智慧农业建设。一方面，采取"政府 + 企业"的运作模式，依托 5G、物联网、大数据等数字技术打造现代农业智慧云平台，为农业生产经营各类主体获取农技知识、进行生产作业和管理决策等提供信息服务，目前已有湖南五八农服信息技术有限公司、益阳市农田谋士现代服务有限公司、益阳市风顺农业开发有限公司等多家新型农业经营主体入驻平台。该平台与安置在田间地头的传感器等设备仪器相连接，不仅可以实现农作物生长全方位监测、智能化控制、标准化生产，还能实现农产品从田间到餐桌的全程溯源。另一方面，农业企业、专业大户等新型农业经营主体引入大量智能化设备开展智慧化生产，如采用无人机、智能机器人、智能采摘设备、智能水利设备等实施种养业生产与收获作业，利用双膜连栋温室大棚、水肥一体化设施等发展蔬菜、水果等设施智慧农业，为农业转型升级积累了经验。例如，湖南竹泉农牧有限公司在温室大棚安装以色列工厂化格普混合旋转水培种植系统（RFS），可以监测土壤温度、湿度、养分、病虫害和蔬菜长势等情况，一旦缺肥、缺水，便可以通过水肥灌溉系统自动控制设备进行施肥喷水。如果空气温度过高，就可以通过智能阀管理系统自动开启风机通风降温。此外，温室还可以大幅度降低病害虫害的发生概率。

3. 大力发展订单农业

为改变传统农业生产经营模式的弊端，赫山区菱角岔村充分利用数字技术和互联网平台发展订单农业、"定制农业"，实现"线上订单"和"线下农业"有机结合，在助力生产经营一体化、标准化的同时，降低了农业生产经营风险，增强农产品有效供给。以"兰溪大米"生产为例，首先，依托益阳市农田谋士现代服务有限公司打造的集农产品交易、农资销售、农机共享于一体的 B2B 农业电子商务交易平台——护农商城，为农业企业找买家、为加工企业找货源，实现"我要买"与"我要卖"的相互对接。签订订单后，湖南中亿现代农业发展股份有限公司介入上游种植环节，免费为合作社成员发放优质稻种，并提供专家现场技术指导服务，确定农药施用比例，定时定量喷药、施肥，避免病虫草害，实现水稻高产优质。又如，湖南竹泉农牧有限公司通过互联网平台或益联现代农业科技平台签订订单后，利用 RFS 自动化水培种植系统和营养液膜（NFT）果菜基质栽培技术在双膜连栋温室大棚按订单生产蔬菜品类，通过 5G 直播间的 VR（虚拟现实）直播平台，让客户身临其境，直观感受生产过程，同时平台直播时还同步支持互动群聊、弹幕、产品介绍、电商跳转等功能，增强客户的互动体验感。收获后的蔬菜在包装车间经过分拣、预处理并包装后按订单需求如期发出。

（二）数字技术赋能农业生产结构优化的效应分析

1. 实现农业生产合理布局

传统农业生产安排以经验为主，引致供给侧要素无法及时根据市场需求进行优化配置，从而农产品"过剩"和"不足"等结构性问题随之产生。近年来，菱角岔村数字农业快速发展，农业农村大数据建设不断推进。首先，"远程可感知、生产可控制、百姓可查询、网上可销售、决策有依据、产品能溯源"的智慧农业云平台为农业生产科学决策与合理布局提供了保障。其次，电子商务助力订单农业发展，进一步使得以市场需求为"导航灯"决策农业生产经营成为可能，将从根本上促进农业增效、农民增收和乡村振兴。2016—2020 年，全村居民人均可支配收入增长了1.5 倍，年均增长率达到 9.35%。2021 年，全村人均纯收入 2.38 万元，村集体收入达到 72 万元。其中，湖南竹泉农牧有限公司以订单农业生产方式大力发展契合市场需求的特色淡水鱼、生猪、土鸡等养殖，发展有机高档蔬菜、特色蔬菜种植，年产生猪 1.5 万头、土鸡 10 万只、禽蛋 30 万斤、淡水鱼 60 万斤、蔬菜 1200 万斤，总产值超过 6000 万元。

2. 实现农业生产绿色高效

5G、大数据、云计算、"3S"等现代信息与通信技术广泛应用于种植、养殖等生产环节，使得菱角岔村农业生产的精准化、智能化程度逐步提升，实现了农业绿色、高效发展。在大田水稻生产中，目前机耕、机收率达到 100%，综合农机化水平达 81.5%。2016—2020 年，全村机械化率增长 10% 以上，秸秆处理率增长 28%，化肥折纯使用量减少约 15%。在蔬菜生产过程中，通过采用水肥灌溉系统、吊挂系统及双膜连栋温室大棚等进行工厂化种植和科学管理，传统农业效率低、回报低的落后生产方式得以颠覆。这种工厂化管理模式，不仅可以有效利用荒地、废地进行生产，节约土地资源，还可以通过智能控制系统对水肥实施精确管控，可节约 20%～50% 的水肥成本，减少 25% 的化肥和农药使用量，保障蔬菜绿色安全。蔬菜的生长周期也由传统的 60 多天缩短到 30 多天，每年可收获6～8 次，一年一个大棚总产量达到 3 万多斤，收入近 30 万元。

3. 实现农业标准化和品牌化

在数字技术赋能下，菱角岔村农业标准化和品牌建设取得重大进展。通过运用大数据、物联网、空间地理信息技术等突破时空限制实时获取农业生产全过程中水、肥、土、病虫害等数据信息，对农产品生产实施在线监控、智慧种养、精准饲喂、质量追溯等，菱角岔村成功打造了"农悦仙"等一批优质品牌农产品，也进一步扩大了"兰溪大米"农产品地理标志品牌的影响力，形成了高档优质稻、生态水产、绿色蔬菜水果、优质中药材、农产品物流、乡村旅游六大优势产业。并且，菱角岔村举办的生态农业智慧乡村互联网大会推动了中央电视台《中国农民丰收节》和发现之旅频道《美丽家园》栏目在菱角岔村取景，强化了"区域公用品牌＋企业品牌"的双品牌宣传效应，农副产品"出湘达海"的金字招牌逐步形成。

三、结论与启示

菱角岔村以数字科技为引领，通过大力发展精准农业、智慧农业和订单农业等，实现了农业生产布局科学合理、生产过程精准高效和生产产品生态优质的目标，推动农业生产结构向合理化、高级化和生态化迈进。其发展实践表明，在这一过程中，充分发挥各类主体的推动作用尤为重要。

（一）各级政府的推动作用

在数字技术赋能农业生产结构优化中，发挥政府的引导作用是前提，也是关键。特别是目前我国农业农村数字化建设尚处于起步阶段，政府在规划制定、基础设施建设、示范园区建设等方面具有不可替代的作用。在菱角岔村的发展实践中，省、市、区各级政府通力合作，村委班子编制了秀美村庄创建三年规划和数字农业发展总体规划。围绕规划目标，在国家现代农业示范区、国家农业科技园区、湖南省现代农业改革试验市的核心区等政策支持下，菱角岔村大力开展光纤通信网络、5G通信基站、卫星接收设施、农业大数据基础平台、农业政务智能系统等新一代信息基础设施建设，进一步完善水、电、路、仓储、冷链物流等配套基础设施建设。同时，通过平台建设、示范园区或示范项目支持、税收减免、贷款贴息等政策支持，助力农业龙头企业、合作组织、新农人等新型农业经营主体进入农业领域，推动农业生产结构调整优化，培育区域农业竞争优势。

（二）新型农业经营主体的主导作用

新型农业经营主体是数字技术赋能农业生产结构优化的主要参与者与先行者。在菱角岔村的发展实践中，湖南竹泉农牧有限公司、益阳楚鱼渔业发展有限公司、湖南泉园农林牧开发有限公司、益阳市桔园红肉蜜柚种植农民专业合作社、益阳市赫山区益泉葡萄种植农民专业合作社、益阳市赫山区陈家湾生态农业种养农民专业合作社等众多农业龙头企业、专业合作社和12家种养业专业大户发挥了排头兵的核心主导作用，并有效带动了农户广泛参与。目前，通过推行土地经营权数字化改革，全村5500余亩土地全部流转，进一步促进了农业生产的规模化、标准化、绿色化、智能化和高效化。例如，益阳市农田谋士现代服务有限公司、湖南省益联现代农业科技发展有限责任公司、湖南竹泉农牧有限公司合力打造的现代农业智慧云平台，依托互联网、移动互联网、云计算和物联网等新兴技术，为农业生产者提供精准化种植、可视化管理、智能化决策、在线指导服务，为农产品营销者提供产品宣传、买卖对接、线上订单、电子交易等服务。此外，通过这一平台还可以实现农资销售和农机共享。

（三）社会化服务体系的支撑作用

以数字技术驱动农业生产结构优化，研发是前提，推广是载体，服务是后盾。在菱角岔村发展实践中，市、区政府通力合作，以市场化为导向，形成了比较完善的社会化科技服务体系，为菱角岔村数字农业的发展和农业生产结构转型升级提供了坚实的支撑。目前，有来自湖南大学、湖南农业大学、湖南省农业科学院、益阳市农业局、赫山区农业局的100多名相关专家，通过惠农百事通平台在线进行市场分析、生产决策、资源配置等方面的指导与服务。益阳市、赫山区农技推广部门则通过技术培训、项目示范等来推广智慧农业、农产品电子商务等关键技术。此外，"益农服务社"在提供"十代"（即代育秧、代翻耕、代插秧、代肥水、代防治、代机收、代烘干、代存储、代加工、代销售）专业化服务的基础上，积极开展农业政策宣传、产业发展规划指导、病虫害监测防治、农机精准智能作业，以及水肥一体化技术、农产品电子商务和农户信息化培训等服务，使数字技术赋能农业生产方式创新和生产结构转型升级落地落实。

第五章　数字时代中国农业市场结构重塑的战略抉择与实施方案

本章围绕破解低市场集中度、非对称性的农业市场结构引致完全竞争和供应链梗阻，进而形成的农产品"买难""卖难"等供求困境问题，研究依托数字技术平台化、网络化与开放共享、催化激励等特征与功能，通过农产品从生产者到消费者全程的"网化"和"电化"解构再造农业供应链，形成"小农户"与"大市场"有机衔接，农业产前、产中、产后供应链系统内有机联结、优化运转的现代农业经营体系和商业模式，从而优化农业市场结构，最终实现农业供给质量与效率的有效提升。

第一节　数字技术赋能农业市场结构变革的运行逻辑

"当一个新的技术进入经济，它会召唤新的安排——新技术和新的组织模式。"[①] 物联网、大数据等现代信息与通信技术同农业的加速融合，不仅为农业生产结构的优化提供了新的手段和方法，也为农业市场结构的优化提供了新的思维模式和实践路径。作为一种革命性的产业组织模式，数字技术赋能农业市场结构变革体现在驱动农业组织模式变革，促进市场良性有效竞争，催发商业模式创新，提升供应链，实现价值链等方面。

---

① ［美］布莱恩·阿瑟著：《技术的本质：技术是什么，它是如何进化的（经典版）》，曹东溟、王健译，浙江人民出版社 2018 年版，第 218 页。

一、组织模式变革促进市场良性有效竞争

数字技术对农业全方位、多角度、全链条的改造，改变了固化的传统农业经营组织模式，必然会对农业市场的集中与分散、产品供给的差异化以及进出壁垒形成冲击，进而影响到市场行为和市场绩效。

（一）网络化组织形态提升市场集中度

随着数字技术的发展和数字经济的兴起，传统"企业规模"的内涵发生了质的变化。旧的关于规模的概念必须废弃，"新的巨大"可以是确实非常巨大，也可以是"网络巨大"。[①] 作为革命性的技术进步，数字技术使得"规模"已不再是企业制胜的关键核心因素，市场力量日渐成为企业获得垄断控制力的决定性因素。与此同时，市场特性也不断发生变化。"以市场力量作为衡量规模的标准，指的是企业的外延家族，即处于流动和半永久状态的伙伴们所具有的能力，而不是指自己拥有和直接控制的事物。"[②] 数字技术网络化、开放化、无边界的组织特征，使得农业生产经营企业的边界模糊，由此农业市场集中度也变得无以衡量。同时，数字技术嵌入农业产业链，通过对农业生产、加工、流通、管理等环节的信息资源和生产要素进行自上而下的有机整合，农业产业链上的企业与企业之间，以及企业与组织、农户之间得以相互衔接和紧密合作，形成合纵连横的一体化农业产销集聚区，从而改变了传统农业生产经营规模小、市场份额极度分散进而市场完全竞争的格局，使得农业经济系统内竞争与合作共存，利益与风险共担。

（二）平台化组织形态促进农产品差别化供给

Michael E. Porter（1985）[③] 的竞争优势理论认为，企业竞争优势的关键在于其自身的产业定位以及差异化程度。数字技术扁平化、平台化的

---

① 刘江鹏：《企业成长的双元模型：平台增长及其内在机理》，载《中国工业经济》2015年第6期，第148－160页。

② 张彤玉、丁国杰：《技术进步与产业组织变迁》，载《经济社会体制比较》2006年第3期，第79页。

③ M. E. Porter, *Competitive Advantage*, New York：Free Press, 1985.

组织模式，从"双边"彻底改变了农产品供给和需求环境，破解了传统农业产品差别化程度低、需求弹性小而引发的无序竞争和生产者利益受损的格局。在生产端，数字技术与平台促进了新的生产技术、管理手段、物质要素更快下沉，随着乡村数字化建设的加快和农户家庭智能移动终端的普及，以及农业信息服务平台、农技推广平台和种植、养殖户微信等交流群的大量建立，新兴生产技术、管理手段和市场要素等信息交流或示范推广更为便捷、充分和有效，为农产品差异化、品牌化生产提供支撑。在销售端，互联网平台的产品推荐与营销优势，在拓展交易场所、减少中间环节、降低交易成本的同时，既丰富了农产品交易品类，也有利于品牌创建与营销。同时，借助微商、电商等平台，"定制""分享"等个性化营销或"点对点"的专业化匹配成为潮流，特色、品牌农产品的提前预定和虚拟化手段的"委托经营"，进一步扩大了农产品的差别化供给，使因自然条件形成的农产品差别化程度整体较低引发的市场无序竞争与生产过剩的格局得以扭转，以优质化、品牌化和差异化产品供给增加农产品需求弹性，培育提升我国农产品的核心竞争力，使农业规模经济和品牌价值创造成为可能。

（三）模块化组织形态提高农业进出壁垒

数字技术的发展带来了农业组织形态的另一次革命性变革。在现代农业形成完整的社会分工协作体系，实现横向联合、纵向一体化生产的基础上，随着数字技术演进的复杂化和对农业产业链渗透的持续化，模块化生产方式成为后现代农业的主要组织形式。在现代信息与通信技术的作用下，农业产业链中相对独立的业务结构单元被分解出来，而数字技术以及管理信息系统能够把分散在不同环节和由不同主体掌握的信息及数据联结起来，产生累积、互补和集成效应。[①] 同时，模块化的组织形态要求每一业务单元的功能高度专业化、业务市场化，能直接对市场需求的变化做出快速反应。显然，这种模块化生产方式所需具备的技术、资源、竞争优势以及高度专业化的分工协作，提高了农业的进入和退出壁垒。

由此可见，随着数字技术与农业的深度融合，表征农业市场结构的市

[①] 张彤玉、丁国杰：《技术进步与产业组织变迁》，载《经济社会体制比较》2006年第3期，第77-82页。

场集中度、产品差别化、进出入壁垒等因素均发生了变化，进而也影响到农业的竞争优势和市场行为、市场绩效，促进农业市场良性有效竞争。

二、商业模式变革实现供应链协同高效

农业供应链是基于农业产业链，从农资、技术、资金等生产资料供给，到农产品生产、加工、流通及产后服务等所形成的供应链条。在传统的农业供应链系统里，农资供应和农产品生产、加工、销售等各成体系，很容易出现由供应链梗阻导致的供需失衡现象。数字技术在农产品生产、流通、营销等环节的渗透与融合，促使农产品从生产者到消费者全程"网化"和"电化"，改变了农产品供给与需求环境，催生了全新的农产品营销渠道与商业生态系统，提升了供应链，实现了价值链。

（一）电子商务颠覆传统农业营销模式

我国传统农产品营销通常以批发市场为核心，采用"生产者—经销商—产地批发商—销地批发商—零售商—消费者"的层级批发、多环节销售流通模式，供应链长、交易主体多、信息不对称、流通成本高、供给效率低，而且难以充分竞价，以致出现"菜贱伤农"和"菜贵伤民"问题。互联网、移动支付、电子商务的出现与兴起，彻底颠覆了传统农产品的销售渠道和营销模式。互联网将农产品流通过程中的农户（农业企业）、中间批发商、经销商和消费者等连接起来，传统的单点式、不对称的信息传递方式转变为网络化、端对端、同步快速的信息传递方式，提高了市场参与主体搜索、获取信息和相互沟通的效率，规避了信息不对称引致的农产品"卖难""买贵"问题；电商平台将农产品流通从货源组织、物流运输、仓储配送、零售交易变革为货源组织、零售交易、物流配送，将零售环节分解为线上交易与线下配送，拉近了生产者与消费者的距离，降低了农产品的交易成本，实现了农产品流通环节的保值增值；B2B、B2C、C2C、O2O、F2F等新兴商业业态突破时空限制，变农产品"产销对接"（生产基地—销售场所）为"产消对接"（生产基地—消费者），在减少流通环节、促进产销适配与降低运营成本的同时，改变了生产者、消费者在市场体系中的角色定位，增进了农产品消费者与生产者的双向互动和信息传导，减少了谈判议价以及合同监督等方面的成本。总之，电子

商务通过建立起最快速度、最短距离、最少环节、最低费用的农产品流通网络，可实现农产品经营网络化、流通扁平化、交易公平化，最终提升农产品流通效率和市场绩效。

（二）平台管理营建良好商业生态系统

James F. Moore[①] 认为，商业生态系统是指企业与其他组织结成松散网络，围绕产品或服务的生产相互合作、相互竞争和共同演化，以实现价值创造。农业供应链以农业生产投入品的供给为起点，以农产品的消费为终点，有生产者主导、批发市场主导、零售商主导等多种类型，但无论何种类型，目前我国农业供应链都呈现明显的"结构不对称"和"权力不平衡"特征。[②] 生产前端和零售终端规模小，农户和小微型生产企业没有话语权，消费者被动参与，利益向规模批发商、大型零售商倾斜。数字技术开放化、去中心化、无边界性的组织形态，以及高度灵活、合作共享的组织特性，正对应着这一弊端，基于大数据、云计算、区块链等新一代信息技术的数字平台为农业供应链商业生态系统的建立提供了机会和可能。处于核心地位的龙头企业利用数字平台整合供应链，对农业供应链各环节的商品流、信息流、资金流等进行协调、计划和管理，对农业供应链市场、产品、过程、组织等进行改造与重构，使农业生产、流通、交易、管理等各环节有机地连成整体，形成生产者、消费者、龙头企业、科技机构以及政府等共同参与、互利共赢的良性商业生态系统，系统内各主体通过专业化经营与全面合作，使得企业链日益稳固、产业链协同契合、供需链对接畅通、价值链有效实现。

（三）信息流实现价值链创造

基于服务化的信息流来引领发展，这是数字技术改造提升传统农业的关键因素。可以说，数字技术对农业供应链的重塑，本质上是利用数字技术带来的高效的信息流通能力，以信息流融通技术流、物质流、资金流、

---

①　J. F. Moore, "Predators and Prey: A New Ecology of Competition," *Harvard Business Review*, 1999 (3), pp. 75–86.

②　李国英：《"互联网＋"背景下我国现代农业产业链及商业模式解构》，载《农村经济》2015 年第 9 期，第 29–33 页。

人才流，进而实现供应链资源的优化配置和价值增值。随着信息流动的不断增强，信息不对称的壁垒将会被打破，消费者行为和厂商商业模式也会随之改变，供应链中的价值体系将重塑并创造出全新的价值创造方式。例如，在产前农资供应端，供应链上信息的互联互通与电商平台让原本互不相干的农资销售与金融资本相结合，利用交易信息数据评估农产品生产经营者成长潜力与市场前景，由此破解融资贷款过程中信息不对称和地理可及性等问题产生的市场风险。而在产后流通销售端，品牌塑造、在线评论、无理由退货等信息披露反馈评级机制，本质上都是数字技术带来的信息资源的互通互联。总之，正是由于网络化、扁平化的数字平台消除了生产方与销售终端之间的信息延迟，才进一步引发了下游流通组织充当主导企业、上游生产者作为节点企业的供应链逆向整合，展现出基于经营商品而创造商品、同时基于创造商品而经营商品的流通创新机制[①]，从而实现供应链资源的优化配置和价值增值。

第二节　电子商务实现"小农户"与"大市场"有机对接

电子商务作为一种全新的流通业态和网络化新型经济活动，彻底改变了农产品传统渠道销售模式，从时间、空间、成本、安全、个性化等维度改变了农产品市场格局，拉近了生产者与消费者距离，增强了客户体验与客户黏性，对我国农业经营模式、商业模式创新发展产生了深远影响，成为解决"小农户"与"大市场"对接难题、农产品"卖难""买贵"周期性问题和农产品流通效率低下引致的农民增收困难问题的利器。

---

　　①　张在一、毛学峰：《"互联网＋"重塑中国农业：表征、机制与本质》，载《改革》2020年第7期，第134-144页。

一、电子商务实现"小农户"与"大市场"有机对接的运营体系

电子商务为农产品营销带来颠覆性变革，农产品电子商务的兴起，为农业市场结构重塑和实现"小农户"与"大市场"有机对接提供了有效手段与重要平台。

（一）农产品电子商务的概念

电子商务是基于现代信息与通信技术形成的一种全新的流通模式和交易方式。农产品电子商务是电子商务在农产品交易领域的具体应用，包括在农产品的生产、交易、配送等供应链各环节导入电子商务系统，利用现代信息与通信技术进行产品、市场信息获取、分析与发布，借助交易平台、支付平台和配送系统完成产品在线购买、销售与在线支付等业务。

（二）农产品电子商务的运营体系

农产品电子商务的运营体系主要包括运营主体、运营客体、消费者、物流体系和支撑体系等，各结构单元发挥不同作用，共同维护和驱动农产品电子商务的良性运行。其中，农产品生产者和电商平台企业是系统运行中的主要参与者，农产品生产者的主要作用就是生产农产品或提供服务，农产品电商企业主要起到"搭建平台""采购交易""支付结算"等作用，并且两者经常合作，形成新的商业模式。运营客体就是农业初级产品、加工产品和服务产品，其标准化、品牌化是开展电子商务的必然要求。消费者即农产品电子商务运营的服务对象。随着我国居民收入水平的不断增长和消费层次的不断提升，多元、个性、品质、快捷、时尚等的农产品消费需求快速增长，农产品电子商务将越来越受到消费者的青睐。农产品电子商务的物流体系主要包括物流运输、仓储、配送企业等。在我国，目前农产品电商物流的类型主要有自建物流、整合物流和第三方物流等。农产品电子商务的支撑体系包括政府、科研机构、网络运营商和信息技术服务企业等。其中，政府是市场规则的制定者、监管者和服务者，科研机构提供行业发展分析与相关技术研发推广服务，网络运营商为参与主体和消费者提供网络基础设施服务，信息技术服务企业提供用户运营解决

方案和技术更新升级服务，同时为农产品电子商务参与主体提供个性化、定制化服务。农产品电子商务运营体系结构与功能见表5－1。

表5－1 农产品电子商务运营体系结构与功能

体系	构成	功能
运营主体	农产品生产者（农户、家庭农场、农民专业合作社、专业大户、龙头企业等）和电商平台企业（综合电商、垂直电商）等	进行农产品生产、加工或服务；搭建平台、交互信息、采购交易、支付核算等
运营客体	农业初级产品、加工产品和服务产品	农产品电子商务运营对象
消费者	主要为新兴消费群体、年轻消费群体	农产品电子商务运营的服务对象
物流体系	物流运输企业、仓储企业、配送企业等	负责农产品在商家和消费者之间的运输、仓储、配送等
支撑体系	政府、科研机构、网络运营商、信息技术服务企业等	政府负责市场规则的制定、监管以及服务；科研机构负责行业发展分析与技术研发推广；网络运营商为参与主体和消费者提供网络基础设施服务；信息技术服务企业提供个性化服务或定制服务

二、电子商务实现"小农户"与"大市场"有机对接的运营流程

一般而言，农产品电子商务运营要历经"模式选择—推广营销—网上交易—物流配送"等流程。

（一）运营模式

目前，我国农产品电子商务运营模式主要有自营、代营两种。自营是指生产者通过电商平台或微信、手机 App 等方式直接进行农产品的销售和发货；代营则是电商企业与生产者进行交易，销售和物流配送由电商企业负责或电商企业自建物流配送体系。

（二）推广营销

常见的有以下三种方式：一是"可视"方式。生产者或电商企业通过互联网、音频、视频等实时传输技术，向消费者展示农产品的生产过程以及外观、品质等，让消费者"眼见为实"。或者消费者提前下单，然后通过网络、移动终端随时跟踪查看。二是"微商"方式。生产者利用微信等建立交流群，发布农产品品种、产地、价格等信息，消费者直接向生产者下单购买。三是"直播"模式。伴随着 5G 网络和智能移动终端设备的广泛使用，在轰轰烈烈的直播带货大潮中，通过网络直播进行农产品营销的方式也日渐普及，诸如农产品网络直播、主播带货等。

（三）网上交易

平台是网上交易的基础前提，农产品生产者可以自建平台，也可以利用第三方平台来进行交易。自建平台可以独享流量，但前期投入较多。第三方平台可以选择天猫、京东等综合性电商平台，也可以是顺丰优选、盒马鲜生等专销农产品的垂直型电商平台。

（四）物流配送

目前主要有三种方式：一是电商企业自建仓库、冷链物流体系，直接把控农产品物流各环节，以减少损耗，保证质量，但自建物流体系投入大，一般小微型电商企业难以承受；二是第三方物流，但由于电商企业不参与物流过程的监管，农产品的质量和配送时效难以保证；三是物流整合模式，即整合各物流公司的资源进行统一配送，比如阿里巴巴的菜鸟物流，这种模式的优势在于较好地解决了第三方物流公司"最后一公里"配送的难题。

三、电子商务实现"小农户"与"大市场"有机对接的商业模式

电子商务在降低流通成本、提升流通效率的同时，形成了全新的农产品供应链条，使得生产与消费有机对接。目前，我国农产品电子商务的应用处于多层次发展的初级阶段，大力培育农产品电子商务主体，鼓励相关主体进行技术、机制、模式创新尤其重要。

以电子商务实现"小农户"与"大市场"有效对接，目前主要有以下五种商业模式选择。

（一）B2C 模式

B2C（Business to Consumer）即企业与消费者之间的电子商务，是最常见、经营范围最广、受众最多的一种经济活动方式，也是目前应用最广泛的农产品电子商务模式。

1. 模式运行机制

农产品生产、加工、销售企业等借助网上商店直接将产品或服务推上互联网，发布商品的品种、规格、价格、性能等，或者提供服务种类、价格和方式，并提供充足的资讯和便利的接口吸引消费者选购。顾客在网上下订单，在线或离线付款，商家依据消费者的购买订单将农产品配送给消费者。模式运行框架如图 5-1 所示。

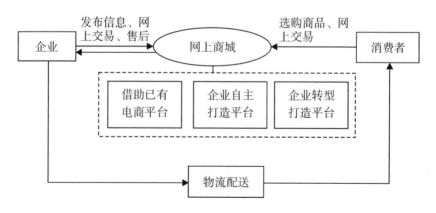

图 5-1 B2C 模式运行框架

其中，B2C 模式的网上商城打造可采取三种方式：一是农产品生产、加工、销售等企业借助如天猫商城等已有商城开设店铺，充分利用第三方平台优势搭建城乡之间农产品流通通道，助力农产品上行；二是有实力的农产品生产及加工企业发挥自身品牌优势和影响力，通过自营或品牌加盟的方式，自主打造电商平台（如泸州老窖商城），开展产品直营、直销；三是有条件的企业或原有农产品批发市场转型，将丰富的零售经验与电子商务有机结合起来，打造专业的农产品电子商务平台（如重庆香满园电商平台），开展农产品网上交易。

2. 模式特点与绩效

B2C 模式推动农产品生产、加工、销售等企业直接面向消费者开展零售业务，具有快捷、方便的特点，既有利于减少中间环节[1]，降低农产品流通成本，也有利于利用互联网平台和资源吸引客源，促进企业或品牌形象的塑造和宣传推广。此外，商家还能够通过动态监测商品的点击率、购买率、用户反馈等，随时调整商品的进货量，有利于供给与消费的对接。

3. 典型案例：顺丰优选[2]

顺丰优选是顺丰集团倾力打造、以经营全球优质安全美食（覆盖生鲜食品、休闲食品、粮油副食等品类）为主的 B2C 电子商务网站。这一电子商务网站成功建立并配以产地直采，形成了以快递物流服务为载体的高附加值农产品 B2C 直供服务模式，这一模式具有以下四个鲜明特征。一是专业采购。与地方政府合作打造本地特色农业馆，地方政府负责品牌背书和推荐优质农产品供应商，并提供政策支持，在减少中间环节的同时，也保证了农产品质量。二是产品预售。先网络发布农产品品种、特色、质量、价格等信息，顾客下单后才开始采购，完全按需采购，保质保鲜，实现零库存、高质量售卖。三是优质物流。顺丰优选共享了顺丰快递的航空、干线等资源，通过专属的航空极快物流，食品可在 24 小时内直达消费者手中。同时，为满足不同食物的存储要求，顺丰优选配备有专业的冷藏冷冻柜和智能升温调节冷库，"全程冷链"但"非冷藏"，有效避

---

[1] 陈红：《"互联网＋"背景下鲜活农产品流通模式研究》，河北经贸大学硕士学位论文，2018 年。

[2] 《顺丰优选案例分析》，见百度文库（https://wenku. baidu. com/view/69ba02921711 cc7930b71692. html），2016 年 3 月 27 日。

免了因冷藏而造成产品新鲜度降低等问题。四是质量管控。成立质量与食品安全部门，引入全球领先的质检认证标准 SGS，定期对商品进行质检，自动下架临期商品，实现了从采购到销售的全流程监管。

（二）B2B 模式

B2B（Business to Business）即企业与企业之间进行的电子商务活动。B2B 模式对农产品生产、加工企业内部以及上下游农资供应、产品分销等企业之间的产业链、供应链整合具有重要意义。借助 B2B 模式，农产品生产商或零售商可以与上游的农资供应商之间形成供货关系，同时，农产品生产商也可以与下游的经销商形成销售关系。

1. 模式运行机制

农产品供应链上、下游企业借助互联网或电商平台发布产品供求信息，了解市场行情，寻找合作对象（如农资供应商、农副产品供应商、农产品采购商等），开展在线沟通交流、产品订购、交易结算等业务，在网上完成整个业务流程。在此基础上，供给方依据网上订单发货，按时将产品配送至需求方。模式运行框架如图 5-2 所示。

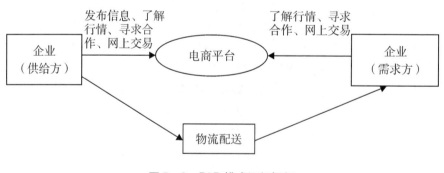

图 5-2　B2B 模式运行框架

B2B 模式下，其电商平台的打造方式有三种：一是政府或企业将农业供应链中相近的交易过程集中到互联网平台，为相关产品的供给方和需求方提供平台；二是政府或企业建立融合上游供应商、中游生产商、下游分销商的垂直一体化平台，为农产品生产、加工企业与上游农资供应、下游农产品分销之间的协作提供服务；三是农业龙头企业通过自身的电子商务平台搭建以其优势产品为核心的农业供应链，推动上下游企业的整合和交易。

2．模式特点与绩效

B2B 模式利用电商平台推进农产品供应链各节点的企业间建立战略合作关系，较之于传统农产品流通商业模式具有如下四个方面的优势：其一，借助 B2B 平台，农业产业链上企业之间可以直接沟通和交易，有利于减少信息传输过程中的差错，加快信息传输速度，提高供应链运作效率[1]；其二，借助 B2B 平台，有利于减少传统交易的许多事务性工作流程和管理费用，节省交易时间，节约人力、物力和财力，降低经营成本；其三，借助 B2B 平台，生产企业可以结合下游的市场需求量及上游的原料和产品供应量综合制订生产计划，最大限度地减少库存，提高物流运转效率；其四，借助 B2B 平台有利于减少时空限制，帮助农产品生产、加工企业扩大交易范围和拓展市场空间。

3．典型案例：中农网[2]

中农网是农产品 B2B 垂直电商平台，业务范围涉及食糖、水果、干制果蔬等产业，下辖广西糖网、昆商糖网、中农易果、中农易贸、中农易讯、依谷网、中农大唐、中农易鲜等行业平台。合作仓储网点达 400 家，服务上下游客户数达 10 万家，形成了交易多元化、产品备案化、信息数据化、金融产品化、物流可视化的服务特点（见表 5 - 2、表 5 - 3），对推动农产品流通环节的高效、智慧化产生了重要作用。

---

① 孙百鸣、赵宝芳、郭清兰：《我国农产品电子商务主要模式探析》，载《北方经济》2011 年第 13 期，第 85 - 86 页。
② 《中农网：农产品公共服务的电子商务实践》，见《商务部 2013—2014 年度电子商务示范企业案例集》，中华人民共和国商务部（http://dzsws.mofcom.gov.cn/anli/detal_26.html）；中农网介绍，见百度百科（https://baike.baidu.com/item/% E4% B8% AD% E5% 86% 9C% E7% BD% 91/9425178），2019 年 8 月 15 日。

表5-2 中农网主要行业平台服务模式

行业平台	服务模式
沐甜科技	创新建立众多知名栏目和强大的数据库，为食糖产业链上的所有参与者提供集合交易、金融、物流等服务的一体化解决方案，致力于建设权威、客观、专业、快捷的中国食糖信息门户网站
昆商糖网	以"现货贸易＋平台服务商"的模式实现白糖网上交易，为从事白糖买卖的贸易商提供交易、融资、结算、仓储、物流等全程供应链服务
中农易果	与金融机构、农产品批发市场、产地冷库等进行战略合作，整合相关资源为水果经销商提供信息、渠道、交易、结算、融资、物流、质检等服务，实现产销对接及国内外市场对接
中农易贸	通过与物流企业、金融机构深入合作，建立以"信息发布＋现货流通＋电子商务"为基础的数字化交易模式，为相关企业提供信息、交易、结算、物流、质检、金融等一体化服务
中农易讯	运用数字技术手段，采集、分析、挖掘农产品批发市场信息和电子交易终端数据，形成权威的农产品价格行情、价格指数等信息，为农产品批发市场、运销商、生产企业、政府机构等提供信息化解决方案、电子商务、品牌推广等服务
依谷网	运用全程冷链模式，打造一条覆盖生鲜农产品和养生保健食品的生态供应链，为白领家庭提供生态农副产品一站式购物平台
中农大唐	通过与国际国内生鲜水果供应商、仓储企业、结算机构等合作，全程服务于生鲜水果经销商，为消费者提供品质上乘的各类新鲜水果

表5-3 中农网主要服务特点

服务特点	特点解析
交易多元化	针对不同农产品品种，以不同标准搭建多元电商交易平台，为供应链上下游参与者提供交易场景和多市场、多品种、多交易模式，减少线上线下资源的聚集和农产品流通的中间环节

续上表

服务特点	特点解析
产品备案化	科学搜集各种农产品安全信息,研发农产品安全备案检测系统,其农产品进入行销地前要进行统一的检验与准入备案。通过该系统,商户可在线检索农产品安全备案信息,实现农产品安全可追溯
信息数据化	每天实时发布农产品价格、库存、流通等信息,同时统筹 ERP、物流管理及电商平台系统,将所有场景信息进行数据化处理,建立大数据中心,为企业的业务分析决策提供支撑
金融产品化	链接银行、保险等合作机构,搭建金融服务平台,协同第三方交易平台和物流企业,为供应链企业定制方便快捷、灵活多样的金融产品
物流可视化	在全国设立 400 家仓储网点,引入智能仓储系统,对仓库货物、仓储配送等进行全程可视化管理,提升仓储服务能力

(三) C2C 模式

C2C(Consumer to Consumer)即个人与个人之间的电子商务,为我国目前电子商务的三大商业模式之一。

1. 模式运行机制

在 C2C 模式里,农产品卖方以个人为主,他们借助电子商务平台(如淘宝、京东、易趣等)开设网店,并在店内发布待出售的农产品信息吸引客源。买方通过电子商务平台在众多商铺中选择和购买自己需要的农产品。最后,卖方依据购买订单将农产品配送至买方。模式运行框架如图 5-3 所示。

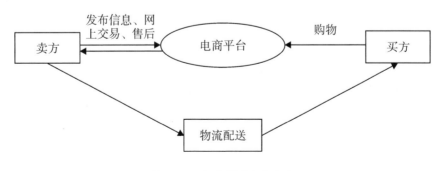

图 5-3 C2C 模式运行框架

2. 模式特点与绩效

C2C 模式将个人分散的农产品资源整合于电商平台进行零售交易，每个商家都拥有独立的商铺，具有交易大众化、灵活方便、互动性强和用户参与性强等特点，非常适合我国农业生产以家庭为单位分散式小规模经营的特点，有利于避免传统供应链大规模分散式收购、运输的弊端，对推动农产品供应成本的降低、供应效率的提升及个体农户收益的提升都具有重要意义。

3. 典型案例：淘宝网[①]

淘宝网是目前国内最大的 C2C 平台，也是世界上最成功的 C2C 商业网站之一。淘宝网本身不提供产品，其产品的供给者可以是商家，也可以是个人，且通过该平台交易的产品类型风格多样，农产品是其中之一。淘宝网的主要特点有：一是强化交易的诚信安全，如实施会员制，建立公开透明的信用评价体系等，特别是创造性地推出第三方在线交易支付工具——支付宝，成功解决了网上支付的安全交易瓶颈难题；二是提供免费产品展示空间、免费供求信息等，吸引诸多买家、卖家，培养忠实的平台交易者；三是提供优质清晰的交易网站，让浏览者一目了然，有利于消费者全方位地了解商品、卖家信息；四是开发网上交易即时通信工具——淘宝旺旺，方便用户之间的交流和沟通，促进交易的达成。

（四）O2O 模式

O2O（Online to Offline）即线上与线下相结合的电子商务，互联网成为线下交易的前台，是消费者线上下单、线下体验的一种购物方式，也是目前农产品门店广泛使用的一种商业模式。

1. 模式运行机制

销售商的线上农产品销售平台和线下社区平台（如社区体验馆、门店、配送站点、自提柜等）双平台运营，线下平台现场不售卖产品，主要供消费者咨询、体验、了解产品和取货，同时具有一定的仓储和物流功能；线上平台则发布产品相关信息（价格、规格、产地、质量等），同时提供便捷的接口供消费者选购产品、在线结算等。其运行机制为：批发商

---

① 余娜：《淘宝网经营策略分析及启示》，载《企业经济》2010 年第 11 期，第 110 – 112 页；吴炅：《淘宝网经营现状分析》，载《当代经济》2015 年第 29 期，第 60 – 61 页。

与供应商提供待售的农产品信息给销售商，销售商通过线上平台发布产品信息，接受消费者购买（线下平台同时提供相关产品的咨询、体验等服务）。在此基础上，销售商依据线上需求量，向农产品批发商或供应商批量化集中采购产品，进而通过第三方物流公司或自建的专门的农副产品流通服务体系，将产品配送到各线下平台。最后，根据到货时间通知消费者到线下平台取货或由线下平台直接配送至消费者手中。模式运行框架如图5-4所示。

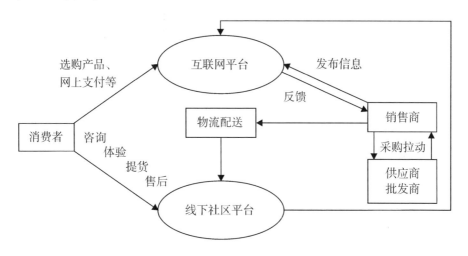

图5-4 O2O 模式运行框架

2. 模式特点与绩效

O2O 模式充分利用线上线下资源，有利于平台购物与线下实体店有机衔接。既可以帮助消费者降低纯线上购物的安全隐患和质量担忧，节约出门挑选产品的时间，让其在享受线上优惠价格的同时，享受到线下贴心的服务，如依据实物了解产品质量、灵活处理取货时间、产品售后等；又有利于销售商根据需求量采购产品，减少产品库存和产品损耗，提高农产品供应链的流通效率与效益，达到节约成本的目的。

3. 典型案例：兴盛优选

兴盛优选总部位于湖南省长沙市，是全国连锁便利超市芙蓉兴盛旗下的一家社区电商平台，主要定位于解决家庭食品消费的日常需求。兴盛优选的运营具有三个鲜明特色：一是打造"兴盛阿必达"订货平台。兴盛优选超过50%的商品为生鲜农产品，保鲜至关重要。为此，兴盛优选打造"兴盛阿必达"订货平台，链接近万家上游供应商，同时自建"中心仓—网格站—门店"的三级物流配送体系，大量采用冷链物流车，通过隔日达的预售方式，尽可能保证生鲜食品的质量。二是采取"预售+自提"的运营方式。以社区便利实体店为依托，通过"兴盛优选系统+门店自建微信群"以限时特卖的形式，将平台产品卖给社区便利店周边的消费者。借助预售模式，有利于商家在短时间内完成销售，降低库存损耗、保证产品质量，也有利于满足消费者低价优质的购物需求。三是构建以邻里关系为纽带的营销裂变模式。以邻里关系作为纽带，社区店长借助微信群、小程序等工具与小区用户建立连接，利用熟人关系，让用户实现裂变。同时，社区对便利店有信任的基础，这也拉近了商家与消费者之间的距离，有利于增加消费复购率，降低获客成本，从而有效降低了平台运营成本。

（五）C2B/C2F 模式

C2B（Consumer to Business）/C2F（Consumer to Factory）模式即消费者定制模式。生产企业根据客户的订单需求生产产品，然后把产品配送给消费者。随着我国居民收入水平的不断增长和消费层次的不断提升，农产品消费需求呈现多元、个性、品质、快捷等特点，C2B/C2F 模式将逐步成为农产品消费的新趋势和新时尚。

1. 模式运行机制

C2B 模式是农产品生产商或供应商通过电商平台发布相关信息（质量、产地、标准化生产情况、预期成熟采摘或生产时间等）进行农产品的预售，消费者根据自身需求预订产品，生产商/供应商根据预售情况进行产品生产或采购，产品成熟或生产、采购完成后，经采摘、包装直接配送至消费者。C2F 模式则更个性化、高端化，生产商发布产品预售信息，消费者根据自身需求定制产品，生产商依据消费者需求生产产品，待产品成熟或生产完成后配送至消费者。模式运行框架如图 5-5 所示。

2. 模式特点与绩效

C2B/C2F 模式有利于农产品生产商和供应商依据预售情况制订生产计划或采购计划，实现"以销定产""以销定采"，避免盲目生产和采购；有利于消费者了解农产品信息，增强消费者对产品质量和安全性的信任

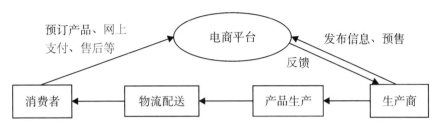

图 5 - 5　C2B/C2F 模式运行框架

度，满足其多样化、个性化的消费需求。

3. 典型案例：食行生鲜①

食行生鲜由江苏随易信息科技有限公司建设和运营，为 C2B 预定制消费的生鲜宅配电子商务平台。近年来，平台将 C2B 模式与 O2O 模式有机结合，积极打造"社区智能微菜场"，通过预定制消费模式，一手牵农民，一手牵市民，搭建了以"平台 + 产地直供 + 冷链自营 + 站点直投"为核心的生鲜农产品服务体系，既实现了生鲜零库存，也实现了居民网上订菜和社区智能直投站全程冷链配送，对拓展特色农产品销售渠道、降低运输成本、扩大农产品生产者的利润空间、丰富市民的菜篮子和保障农产品质量都产生了重要意义。目前，该平台已在苏州、上海、无锡的 3000 多个中高档社区建立了社区智能微菜场和配送站点，服务对象超过 281 万户家庭。

食行生鲜的运营具有三个显著特色：一是全程把关，保证产品质量。该平台与全国约 50 家优质生鲜基地建立了合作关系，并在基地采购、农残检测、全程冷链等环节制定了严格标准，消费者可以从手机 App 了解信息和动态，从源头保证了农产品质量。二是以销定产，产地直供。与种植、养殖基地建立合作伙伴关系，根据用户订单派出专人到基地采摘、分拣、包装，再由自有的专业冷链车运送至总部配送中心对产品进行配单，实现供需双方的对接、互动，最大限度地满足消费者个性化、品质化需求。三是冷链自营，站点直投。建立物流配送团队，运用专业冷鲜车短途

---

① 《食行生鲜：以自营模式推动生鲜供应链创新》，见《商务部 2015—2016 年度电子商务示范企业案例集》，中华人民共和国商务部（http://dzsws. mofcom. gov. cn/anli15/detal_7. html），2019 年 8 月 25 日。

冷链配送产品，全程运送时间在 4 小时以内。同时，在社区建立了设有冷藏冷冻保鲜柜的生鲜直投站点，采用"生鲜柜自提"的方式，保障了食材的新鲜度。

第三节　平台战略实现农业供应链协同高效

与传统农业供应链"人、场、货"的运营模式不同，"平台战略"通过运用新一代信息与通信技术建立涉及广泛主体的农业数字化平台，形成新的"人、流、货"的运营模式与管理方式，将农业生产、加工、流通、交易和管理服务等各环节连成有机整体，并形成农业生产经营横向相连、纵向贯通的网络体系，保障农业产前、产中、产后与市场之间系统联结，使传统农业供需响应关系迈向更优化、更广阔的空间。

一、平台战略实现农业供应链协同高效的基本内涵与总体思路

以平台战略重构传统农业供应链，实现农业供应链协同高效、价值链提升，是数字技术解构重塑农业市场结构的重要内容。

（一）平台战略的基本内涵

"平台"（platform）一词最早应用于计算机领域，指计算机硬件与软件的集合。随着新一代信息与通信技术与产业的跨界融合发展，"平台"词义与应用场域已推广到经济社会各领域，泛指以信息网络为基础，服务于交易、竞争、合作双方或多方的统一空间。[①] 平台战略则是指利用平台连接不同个体、组织和企业，形成广泛连接的"点""线""面""体"立体式网络架构，通过建立良好的运行机制和创新生态，系统内每个组织和个体可以高度协同、高效合作，实现自我价值，形成全局利益最优。

---

① 侯军岐、黄美霞：《我国种业整合服务平台建设与管理研究》，载《农业经济问题》2017 年第 1 期，第 75 – 82、111 页。

（二）平台战略实现农业供应链协同高效的总体思路

平台战略实现农业供应链协同高效的总体思路是以现代信息与通信技术为手段，以互联网平台为载体，搭建农业物质流、信息流、资金流互联互通渠道，精准对接消费需求，广泛链接产前、产中、产后与生产、流通、管理、服务等多方主体，整合土地、劳动、资本、生物、技术、制度等要素资源，打造覆盖农资供应、种植养殖、产品加工、仓储运输、市场营销等诸多环节的农产品全产业链闭环运营，实现农业供应链协同高效、价值链全面提升。

平台战略实现农业供应链协同高效的总体思路与基本框架如图 5－6 所示。

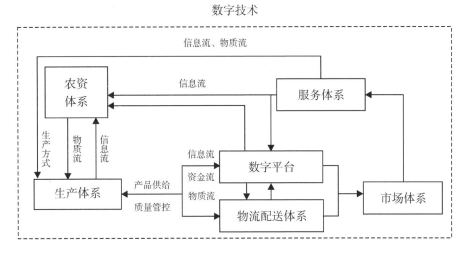

图 5－6　平台战略实现农业供应链协同高效的总体思路与基本框架

二、平台战略实现农业供应链协同高效的核心内容与关键要素

平台战略的核心是构建"平台—数据、信息—供应链"的互动机制，重点在于整合与配置农业资源，打通信息链条，降低要素使用成本，提升

"沉没信息"价值和优化资源配置效率，改变现有相对的部门或平台割裂的现状，通过"平台"嵌入的方式，实现供应链协同发展、供给质量与效率的提升。

（一）"搭台"

平台战略重构农业供应链的核心是"搭台"，即以农产品供应链上的核心企业为龙头，以农产品需求信息和生产标准为纽带，基于现代信息与通信技术，搭建、运行具有信息共享、资源集成与在线匹配等功能的数字化平台，协同供应链成员打造信息、资金、物质、知识的集成网络，围绕农业生产、加工、流通、管理及用户交流开展信息资源整合、开发利用与全面服务。

从平台运转的基本要素构成与目标要求视角来看，除需要较为稳定的硬件物理性能和网络（接入、电子签名、数据传输、交易及云平台等）安全性保障外，该平台的建设还需具备和满足以下三个基本条件和要求。

一是全面性。平台涉及农业供应链的不同参与对象、部门和组织，是相关群体获取生产状态、市场和产品参数等信息并进行交易的主要场所和空间。因此，平台的搭建要涵盖联系紧密的供应链各参与主体相对全面的生产、交易活动记录与供需信息，以利于平台的良性互动、循环和更新。在平台的初期架构与设计的过程中，要充分结合农业生产实践和发展趋势，预留不同主体、不同部门和参与对象的接入条件和空间，特别是现阶段已经发展起来的关联农业生产经营的各类信息与技术平台，如全域物流云平台、农机作业平台、电子商务平台、农业生产监测监控平台、食品监督监管系统等。

二是时效性。平台的运行不仅受到农产品生产过程中作物、动物、微生物生长时令的影响，还受到农业供应链上各主体的不同时间、地区和市场供需情况等差异化影响，如生产经营主体关于农资、饲料和劳动力等生产要素需求与调配申请，食品加工企业根据生产价格走势与预期做出的备货、库存与生产计划，消费者关心或感兴趣的特色农产品或"网红"商品的生产信息、销售与运输物流详情，等等。多样化的参与主体、差异化的需求与供给信息，构成了平台中形态多样、数据丰富和层次复杂的网络流量，这对整个系统的信息流量的"刷新"、响应时间、数据对接和及时反馈程度提出了"苛刻"的时效性要求。

三是经济性。经济性即要求平台对供应链的服务增值高于平台的构建、运营、管理等成本，风险防御等成本则应低于缺少风险预警而造成的损失。因此，在风险控制的前提下，对整个平台的运转管理的支出，应秉持适度原则，可依据风险影响程度和工作需求对风险因素进行阶梯式划分，采用阶梯式风险管理策略①，以最大限度地降低平台的风险管理成本和运营成本。

综合来看，目前我国已经有部分局域的、行业或企业的农业数字化平台投入运营，但由于农业生产分工过程中的体系与部门的条块分割，资源共享中的隐私、定价与数据壁垒的客观局限，以及配套政策缺失等，串联起全农业产业链各主体、各环节的农业数字化平台较少，或者说助力农业供应链上不同参与主体实现信息互联互通，以及覆盖农业龙头企业、农产品批发市场、农业专业合作社、农户和消费者的网络平台发展较为滞后。

（二）"唱戏"

平台的本质是数据信息展示与交换的媒介或工具，离不开农业供应链上各关联主体的参与和业务互动。平台战略重构农业供应链加入了生产者、消费者、企业（加工、仓储、运输和研发等）、网络运营商、电商和监管者等多方主体。因此，构建有活力、有突出价值和用户良好体验的农业数字化平台，需要充分关注各主体的需求，建立连接机制和创新生态，使平台上的每个组织和个体都有机会实现自我价值，实现全局利益最大化。

首先，要客观了解供应链上相关主体的真实意愿和诉求，"想要什么"和"想做什么"，以及"能够更好地做什么"等关乎供应链协同高效发展的核心问题。从农业供应链主体的关联路径来看，除传统模式的关联业务或交流外，平台战略模式下，农业供应链上各主体更在乎平台是否能够对其相关业务实现更快、更准地匹配和响应。例如在农资市场中，农业生产经营者可将化肥、农药、农膜、种子等农资产品的需求缺口在线上平台发出申请或求助，在得到线上相关企业的"问询"、报价、发货时间和货量等信息的反馈后，农业生产经营者可在较多"应答"企业中择优选

---

① 王杰、张洪潮、王郁：《物流全域云平台阶梯式风险管理机制研究》，载《管理现代化》2019年第3期，第105－108页。

取,从而达到要素配置的最优化目标。

其次,嵌入更多潜在的参与个体并扩大用户群体,落实平台的"尽快长大"战略。狭义平台理论和双边市场理论都将供需双方用户看作平台运营商的目标顾客,因而平台战略的目标是"将双方拉到平台上",即追求网络规模最大化。这些理论将双边用户之间的交叉网络效应视作平台网络成长的核心动力机制,因而平台战略的主要策略是利诱关键用户加入网络,再借助关键用户吸引其他用户。[①] 上述理论积极支持了我国商业化网络平台的建设和发展,同样也可用于农业供应链平台战略的构建。从实践操作视角来看,当前农业供应链平台战略的重点是吸引不同参与主体加入,健全交易方式及拓展业务量,扩展可检索的资源种类,优化商品、资源与信息的比价关系,打造平台要素之间的闭环生态。

最后,突破传统的行业间、参与主体间的数据孤岛,建立快速的耦合与互访机制,对参与主体的生产活动及行为进行关联,达到线上与线下的融合及供应链上下游之间的信息交互。平台强有力的功能特征是能够快速实现"各取所需",例如:农业生产者能够在移动终端上直观地获取经营耕地的土壤墒情数据、作物生长状况,以及病虫害防治工作中的用药比例、作业窗口期和防治服务队伍流动等详细信息;农资产品销售商能够根据平台预警而准确获知缺货地区的缺货量、存货周期、规格和产品偏好,以便进行生产与调度;消费者能够通过微信小程序、客户端和网页等渠道,充分了解某个农产品生产、加工、流通等全过程的信息。

三、平台战略实现农业供应链协同高效的结构体系与运行机制

以平台战略推进农业供应链协同优化和高效运转,需要抓好平台运作、链条贯通、信息畅通及企业联通等结构体系与运行机制建设。

(一) 打造综合服务型平台,促进高效运转和合理运作

平台战略重构农业供应链是以市场需求为导向,且基于政府政策引导

---

① 杜玉申、杨春辉:《平台网络管理的"情境—范式"匹配模型》,载《外国经济与管理》2016 年第 8 期,第 27 - 45 页。

与资金支持。农业供应链上的核心企业和服务主体依托数字技术与平台，构建全新的农产品全产业链闭环运营模式，以提升信息、金融、科技、人才等方面的专业化服务水平，推进土地、劳动、资本等要素资源合理配置和优化调度，使供应链上农资供应、种植养殖、产品加工、物流运输、市场交易等环节分别向着规模化、精准化、智能化、品牌化全面升级，实现农业供应链效率提升。其中，平台作为整个供应链优化整合的核心，其高效运转和合理化运作对农业供应链的系统优化具有至关重要的作用。因此，应结合不同地区、不同农产品的特点，建立健全平台治理和运营体系，将其打造成推进农业供应链有机整合与无缝对接的综合服务体，驱动农业供应链优化运转与效率提升。

（二）打造网络集成式供应体系，促进系统经营和链条贯通

农业供应链始于农业生产资料的供应商，止于农产品的最终用户，即农产品消费者，贯通生产、交易、物流、配送等各环节，包含农业生产资料体系、生产体系、物流体系、市场体系、服务体系等。因此，应借助平台强大的引擎作用，将农业产前、产中、产后各环节有机结合起来，打造贯通农业全产业链的网络集成式供应系统，形成农产品产、供、销一体化运作体系，实现农业全产业链的系统经营和全链条流程的贯通。为实现这一目标，政府、农业供应链上的核心企业与各类主体需要采取一系列措施，例如：以平台整合供应链上下游产业资源，推进农业生产、加工、仓储、物流、交易等环节的标准化建设，实现农业生产设施、生产过程和产品标准化；建立农产品查询终端系统、质量安全追溯系统等，对农产品生产、加工、运输、销售的全流程进行可视化监控监管；建设农业监测监控平台，推行清洁低碳生产技术，控制农兽药残留，规范生产行为，确保农产品安全可靠；等等。

（三）打造开放共享战略共同体，促进信息畅通和企业联通

以信息的自由交流、创新成果的共用共享、产业流程的无缝连接为目标，构建互联互通、开放共享的农业供应链共同体和战略联盟，依托平台推进生产、采购、流通等农产品供应链各环节全方位开放协作，形成利益共享、风险共担的共同体，共创产品品牌，共享客户、渠道等资源，通过品牌共创和资源共享机制，塑造产品形象，提升产品影响力，从而提高农

业流通效率和供应链整体效益。为此，平台企业要在加快信息化设施建设的基础上，协同供应链成员打造信息、资金、物质、知识的集成网络，围绕农业生产、加工、流通、管理及用户交流，开展信息资源整合、开发利用与全面服务。例如：推动平台与供给、消费有效连通，使农产品生产和营销更有计划和效率；依托平台推动农产品生产商、经销商、加工企业、物流配送企业、消费者之间互联互通，使信息可以准确及时到达供应链中的各个节点，让供应链上各主体能够实时掌握农产品供求状态，这样既有利于优化农业资源配置和农业生产合理布局，也可以为农产品的市场销售和质量安全提供保障，从而实现农产品供给与消费的畅通对接。

第四节　数字技术赋能农业市场结构变革的案例研究

　　"乡约菜菜"成立于 2017 年 7 月，是湖南乡约菜菜农业科技有限公司打造的一个致力于推动城乡农产品供求主体"互信、互通、互融"的农产品电商平台。该平台以信任关系为基础，以乡村经纪人和农业合作社为纽带，以社区团购为载体，通过打造"一村一街点对点"城郊生鲜蔬菜配送为主、多品类协同的农产品营销模式，走出了一条以电子商务精准营销实现"小农户"与"大市场"有机连接的特色之路。本节以"乡约菜菜"为样本，采用探索式案例研究方法对数字技术变革农业市场结构的实践路径进行总结与归纳，同时与解释性、描述性案例研究方法相结合，以期对前述理论有所佐证与解释，并希望对我国农业市场结构数字化重塑提供经验借鉴。

一、研究设计

（一）研究方案与过程

　　采用实地考察与访谈的研究方法，对"乡约菜菜"进行深入研究。研究团队深入长沙市天心区沿江村和"乡约菜菜"企业，对"乡约菜菜"

相关人员进行深入访谈。访谈主题包括成立背景、运营模式、运营效果、主要问题、未来规划等维度和题项。

（二）资料收集与整理

相关数据和资料来源主要是研究团队对长沙市天心区沿江村的实地调研和对"乡约菜菜"相关人员的访谈形成的一手资料，以及"乡约菜菜"执行董事兼总经理张维提供的工作日志与《中国案例研究》材料。访谈对象包括执行董事兼总经理张维、沿江村村民和乡村经纪人。访谈资料通过多人对照分析后确定，并归纳整理。

二、案例分析

（一）"乡约菜菜"平台的产生背景

天心区隶属于湖南省长沙市，位于长沙市主城区南部。2021年，全区总面积141平方千米，常住人口85.74万人，常住人口城镇化率为99.1%，下辖14个街道、70个社区、23个行政村。按城乡发展的一般理论，天心区城郊乡村发展都市农业具有天然优势。但由于大部分土地类型为基本农田，青壮年劳动力大量外出务工，留守农村的大部分为妇女和老人，且处于湘江水源保护区，不能走规模化畜禽养殖之路。由此，小农经济在天心区乡村农业发展中一直处于主导地位，农业生产经营以一家一户的粮食、蔬菜、家禽生产为主。由于生产规模较小且分布零散，被排除在大型农产品批发市场和社区团购等大的生鲜供应商之门外，蔬菜等农产品在销售过程中出现"卖难"问题。同时，近年来居民消费结构持续升级，城市居民对高品质、绿色生态的农产品需求日益增长，但由于流通渠道的缺失，优质农产品"买难"问题普遍存在。尤其是生鲜农产品，由于其易损、易腐等特征，对物流配送的时效性要求更高，个性化、低价优质的生鲜农产品消费愿望难以被满足。

2017年7月，大学毕业后离职回家乡创业的天心区沿江村新农人张维敏锐地发现了这一商机，凭借熟悉本地情况的先天条件及敢于冒险和创新的精神，他打造了"乡约菜菜"这一城乡"互信、互通、互融"的低成本农产品电商平台，以"一村一街点对点"的电商模式搭建起了"小农户"与"大市场"的"桥梁"。目前,"乡约菜菜"已在长沙市天心区完成了模式的探索与试点工作,在50个小区长期开展新鲜农产品团购,开拓自提点125个,辐射家庭超过1万户。沿江村已有500多个小农户加入这一平台,每户平均每月可增收1000元。自成立至2021年12月,已帮助小农户销售蔬菜80.2万份,创收近1.03亿元。

(二)"乡约菜菜"的运营体系

"乡约菜菜"的运营体系包括以下六部分。

1. 农产品生产者

"乡约菜菜"利用农村闲置劳动力这一特殊的乡村资源,以城郊乡村村民为生产者,将村民吃不完的自种蔬菜、鸡鸭及其他加工农产品,通过"乡约菜菜"卖给城市居民。同时,为确保蔬菜质量,采摘好的蔬菜要进行包装处理,且每一袋菜都要贴上可溯源的二维码。

2. 乡村经纪人

为增进农户与城市居民之间的信任、精准对接消费者需求,"乡约菜菜"采取"一村对一街"的方式,在每个村寻找一名经纪人,帮助其成立合作社,推动其有效对接乡村小农户。经纪人负责对接小农户,收集农户资料(主要用于二维码溯源),上传农产品信息,收购、包装、配送生鲜农产品,并负责售后服务。"乡约菜菜"对乡村经纪人的选择标准包括:认同"乡约菜菜"理念,本村人或者熟悉本村情况的人,懂电脑操作,接受培训后能够充分利用抖音短视频等进行营销宣传,有一定感染力和号召力。

3. 电商平台

"乡约菜菜"电商平台为"区域农产品配送+全域旅游搜索"网络系统。通过该平台,农户可以把自产的蔬菜放到网上售卖。每个农户都有自己的电子档案,城市居民可随时调阅。农户也可以实时收到城市客户反馈的信息,根据订单需求做好种菜安排。同时,平台里的乡村全域旅游搜索系统也不同于专注旅游搜索的平台,其主要搜索内容是乡村小旅游资源(如农家小院餐饮、垂钓、采摘等),其旅游信息上传工作由乡村经纪人完成。

4. 物流配送体系

"乡约菜菜"采取"一村一街点对点"的物流配送方式,固定区域、固定人员、固定线路，化整为零，由乡村经纪人直接将农产品配送至小区自提点。

5．社区团长

为方便线下自提、订单统计、产品宣传、信息反馈和扩大消费需求，"乡约菜菜"在每个小区找一名团长，以社区团购为载体推进产品分销。选择社区团长的标准为：认同"乡约菜菜"理念，有方便提取农产品的店面，热情大方，能够和本社区居民形成稳固的联系。

6．农产品消费者

农产品消费者，即"乡约菜菜"服务的城市居民。"乡约菜菜"采取"一村对一街"的方式，基于城郊乡村与社区距离的远近进行综合判断决策，将一个村与一个街道结成"对子"，确定每个城郊乡村所对应的街道，各个街道之间不会形成交叉的消费市场，各个城郊乡村也不会存在利益的纷争。

（三）"乡约菜菜"的运营流程

在流程构建上，利用电商平台对接城乡需求，通过"一村一街点对点"的方式，将一个村与一个街道（30～50个小区）结成对。在供给端，每个村内的乡村经纪人负责信息收集、信息报送、订单安排、街区送货、用户反馈等工作；在需求端，每个小区内的团长负责转发农产品信息、收集需求信息、指定提货点等工作。具体操作为：用户提前一天在小程序内下单，乡村经纪人定时整理第二天的用户订单，提前安排采摘计划，第二天一早小农户完成采摘任务，迅速包装并交给乡村经纪人。乡村经纪人在最短时间里将其所负责的一个街区所有提货点所需的蔬菜送达，配送任务完成后，用户就可以在指定提货点拿到自己选购的新鲜蔬菜。

在物流配送上，采用"固定人员、固定区域、固定线路"的模式。物流配送工作由乡村经纪人承担，人员相对固定。由于一个村只承担一个街道的配送任务，因此配送区域也是相对固定的。此外，每个小区内只设一个固定的提货点，一般不轻易变更，所以，从村庄到所有提货点的路线也是固定的。乡村经纪人每天重复固定的路线送菜，大大提高了对路线的熟悉程度和送货效率，同时也摸索出了最节约成本的运输路线。

在营销战略上，提倡"做窄市场、做深客户、做宽品类"。"做窄市场"意味着专注于"点对点"的思路，有限的村庄服务有限的顾客，不盲目"开疆拓土"。"做深客户"就是借助"熟人"的信任关系,实现乡村经纪人有效规范小农户行为,避免"以次充好"。同时,实现小区"团长"优质推荐,让城市家庭可以放心购买。此外,扫描二维码可探知蔬菜或畜禽的种养过程与农户信息,隔空建立一种情感信任,然后利用这种深厚的情感基础,稳扎稳打锁住每一位顾客。"做宽品类"就是发挥小农户经营的灵活性,鼓励其依据市场需求与种养条件变更品种,为每一个家庭提供多种化和个性化的选择。

"乡约菜菜"的运营体系与流程如图 5 - 7 所示。

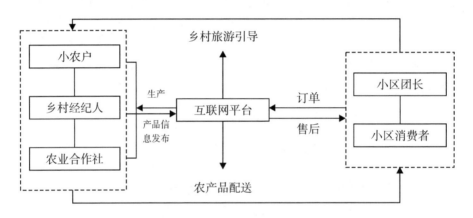

图 5 - 7 "乡约菜菜"的运营体系与流程

三、结论与启示

"乡约菜菜"采用 O2O 与 C2B 相结合的商业模式,通过打造低成本电商平台和构建"一村一街点对点"的运营流程,以乡村周边社区为市场,根据客户的订单需求,发挥乡村经纪人联合和带动小农户的作用,向上整合分散的农产品资源实现特色农产品电子化、规模化销售,把农产品变成农商品。向下通过社区团购推进农产品分销,并主动提供售后服务,实现了消费者线上下单、线下体验,构建起"分散化""小规模"的农产品供应者和"碎片化""大市场"的农产品消费者无缝连接的桥梁,让"小农户"真正融入了"大市场",为我国打破小农生产经营的桎梏,实现农业市场结构的优化提供了经验借鉴。

（一）以"窄"得"宽"是"乡约菜菜"的经营理念

"做窄市场、做深客户、做宽品类"是"乡约菜菜"创始人张维一直秉承的经营理念。通过强化区域、产品和服务的精准（窄），不断把产品品类做宽，把市场流量做大。

在区域精准方面，"点对点"的精准营销方式最大限度地集聚起乡村经纪人的精力，能更高效地为指定区域做好服务。在产品精准方面，"乡约菜菜"以销售城郊乡村生产的优质农产品及其采摘、餐饮等延伸品为主，不销售全品类的农产品。但是，通过城乡农产品供求主体"互信、互通、互融"信任关系的建立，保持了城郊乡村特色农产品的可持续销售能力。在服务精准方面，"乡约菜菜"要求乡村经纪人加入对应小区的微信群，当有客户提出异议时，乡村经纪人必须第一时间做出回应与反馈。"乡约菜菜"的监督服务电话也写在每一份农产品的包装上，只要客户投诉，平台就会按商品销售款的10倍对乡村经纪人进行罚款，同时要求乡村经纪人进行处理。良好的售后服务为平台吸引了大量的市场流量，推动了其品牌影响力的提升和市场规模的扩大。区域精准、产品精准、服务精准，从乡村经纪人来看，是在相对较窄的市场范围内促使其不断做深客户；而从"乡约菜菜"整个商业系统来看，却是通过这种精准营销，不断地把产品品类做宽、把市场流量做大。

（二）"一村一街点对点"是"乡约菜菜"的经营法宝

"乡约菜菜"的"一村一街点对点"的精准营销方式，充分依托乡村经纪人和农产品生产者的天然熟人社会关系，乡村经纪人对生产者和相应的农产品非常了解，可以在有效品控的前提下，直接将熟知的优质农产品上架至"乡约菜菜"平台，从而形成与其他社区团购显著差异化的商品，获得竞争优势。在当前农产品难以标准化的背景下，这种基于"信任关系"建立的销售模式，有效弥补了现有电商平台主打"价格战"交易模式的弊端。同时，这一模式在成本控制和物流时间上也更具优势。目前，社区团购平台大多采用"前置仓"或"仓店一体式"的"重资产"模式，需要总仓提前囤积货物、配送货物到分仓，物流压力、仓储保鲜压力、人员成本压力大。而"乡约菜菜"模式没有总仓、前置仓、仓店等概念，不涉及"重资产"投入。通过"一村一街点对点"营销方式，乡村经纪人依据用户确定性需求，整合分散的农产品并将其直接配送至小区自提点，这不仅最大限度地节省了物流成本，减少多次转运带来的损耗，而且利用农村闲置劳动力将农产品直接从地里采摘出来进行分拣，最大限度地减少了农产品采摘、分拣及运输配送的时间和仓储成本。

（三）以"小"连"大"是"乡约菜菜"的经营结果

小农户是当前我国农业生产经营的主体，由于生产规模较小且合作化、产业化程度低，不符合规模效应规律，往往不受大型销售市场的青睐，也被排除在社区团购等大的生鲜供应商之门外，处于农产品"卖难"的尴尬境地。而随着收入水平的增长和生活品质的提高，城市居民对高档优质、绿色生态农产品的需求日益增长。但因信息不对称和受流通方式、销售渠道等制约，个性化、绿色化的农产品消费愿望往往难以得到满足，生态、优质、低价农产品"买难"问题普遍存在。"乡约菜菜"顺应电子商务发展潮流，打造城乡"互信、互通、互融"的低成本电商平台，架构起农产品生产与消费的桥梁，畅通了优质农产品城乡供需循环。在生产端，乡村经纪人联合小农户以乡村周边社区为市场，根据客户的订单需求进行生产，整合分散的农产品资源实现绿色、特色农产品电子化、规模化销售，有效打通农产品销售渠道，增加小农户收入；在消费端，通过社区团购推进农产品分销，消费者线上下单、线下体验，产品可定制、质量可追溯，使城市社区居民高品质的农产品消费需求得以满足。最终，"分散化""小规模"的农产品生产者和"碎片化""大市场"的农产品消费者无缝连接，"小农户"融入了"大市场"。

第六章 数字时代中国农业要素结构重塑的场景擘画与现实进路

本章围绕破解我国以传统生产要素投入为主、技术扩散滞后的农业投入结构引致要素配置扭曲和低效，进而导致的绿色、优质、高档、特色农产品难以满足消费品质化、个性化、多元化需求的农产品供求失衡问题，研究依托数字技术信息传递"跨界、无损、前瞻"与技术扩散溢出性等特性与功能，推动土地、资本、劳动等要素配置方式和使用模式创新，通过提升农业全要素生产率，促进农业要素结构优化升级，最终实现农业总量与质量的同步提升、供给与需求的动态平衡。

第一节 数字技术赋能农业要素结构升级的运行逻辑

我国农地规模细小分散，错配、闲置现象时有发生，农村剩余劳动力过多且素质不高，金融资本严重缺位，特别是技术扩散滞后，全要素生产率增长缓慢。物联网、大数据、云计算等现代信息与通信技术的迅猛发展及其成果的农业应用，在促进技术进步的同时，驱动土地、资本、劳动等要素质量提升和优化配置，为实现农业要素结构优化升级提供了重大机遇和现实可能。

一、数字技术赋能农业要素结构升级的理论溯源

数字技术对农业要素结构优化提升的实质是数字技术植入农业全产业链，与土地、资本、劳动、农资农机、种畜种苗等农业资源要素有机融

合，实现农业全要素生产率提升。

（一）全要素生产率的基本内涵

生产率揭示了社会物质生产和再生产过程中投入与产出相比较的效益和效率的关系。[1] 全要素生产率作为生产率范畴中的重要成员，最早出现于柯布—道格拉斯生产函数（C-D 生产函数）。从投入与产出的角度看，全要素生产率就是各类生产要素投入生产时的技术经济效率。[2] 经济合作与发展组织（OECD）在《生产率测算手册》中，将全要素生产率定义为所有投入要素对产出增长贡献的一种能力[3]，即某行业、某一时期内的产出与土地、劳动力、资本及其他要素的投入成本的比值。因此，全要素生产率主要是指生产要素的使用效率或配置效率水平，是反映生产效率、衡量经济发展质量的重要指标。

（二）技术进步与全要素生产率提升的内在联系

以 Robert Merton Solow（1957）[4] 为代表，从新古典学派经济增长理论的视角来看，全要素生产率的增长又被称为技术进步率，是用来衡量纯技术进步在生产中作用的指标的又一名称。即在资本、劳动、土地等全部有形生产要素投入保持不变的情况下，由于知识应用、教育发展、技术培训、规模节约、资源配置、组织管理等的改善而增加的经济产出，所以又被称为非具体化的技术进步。

Michael J. Farrell（1957）[5] 进一步将全要素生产率增长分解为技术进步变化和技术效率变化。其中，技术进步变化对全要素生产率的影响又可以分为直接效应和间接效应。技术进步的直接效应是指生产要素使用方式的改变引起全要素生产率改变；技术进步的间接效应是指要素产出弹性与

---

[1] 张德霖：《论生产率的内涵》，载《生产力研究》1990 年第 6 期，第 19 – 26 页。

[2] 汪海波：《略论全要素生产率》，载《经济管理》1989 年第 6 期，第 55 – 57 页。

[3] 朱承亮、李平：《提高全要素生产率的三个基本问题》，载《中国社会科学报》2019 年 5 月 8 日第 4 版。

[4] R. M. Solow, "Technical Change and The Aggregate Production Function," *Review of Economics and Statistics*, 1957, 39（3）, pp. 312 – 320.

[5] M. J. Farrell, "The Measurement of Productive Efficiency," *Journal of the Royal Statistical Society*, 1957, 120（3）, pp. 253 – 290.

要素投入结构的改变对全要素生产率产生影响。例如，随着技术的创新与发展，制造行业出现大量新设备和新工艺，新设备逐步替代旧设备或人工操作，大大提高了劳动生产率，新的工艺流程取代旧的工艺流程，有的生产工艺环节直接用机器取代或缩短工艺流程，同样可以大幅提高生产效率。技术效率则是指在既定的产出下，经济单元（大到国家，小到工厂、车间）的最小可能性投入与实际投入之间的比率。或者说，在既定的投入下，经济单元的实际产出与最大可能性产出之间的比率。一般认为技术效率的变化包括纯技术效率变化和规模效率变化。其中，纯技术效率变化是指由管理、技术水平等因素的变化引起的技术效率变化，规模效率变化是指技术效率受到了人力、资金等要素投入规模的影响。

蒂莫西·J.科埃利等（2008）[1]则进一步指出，除技术进步、技术效率和规模效率外，全要素生产率增长还来自组合效率提升，即以投入要素的"最佳"组合来生产出"最优"的产品数量组合。

二、数字技术赋能农业要素结构升级的作用机理

数字技术嵌入农业全产业链，通过促进农业技术进步、提升农业技术效率，提升农业全要素生产率，促进农业要素结构优化升级。

（一）数字技术促进农业技术进步

一方面，数字技术突破时空限制，加速农业信息与先进技术的传递和扩散，使已有的农业技术得以加快推广运用，整体上促进农业技术进步。例如，科学防治病虫害等提高农业生产效率的先进技术早已成熟，但过去由于信息传递渠道不畅，这些技术未能得到及时推广和有效应用。另一方面，数字技术与农业产业内部需求相结合产生了一系列先进的种养、加工、营销等新技术、新工艺、新模式，进一步促进农业技术进步。尤其是物联网、大数据、云计算、人工智能等新一代信息与通信技术的农业应用，出现了精准农业、智慧农业等新兴业态，极大地促进了农业科技创新，从而丰富与升级了农业要素结构。

---

① ［澳］蒂莫西·J.科埃利等著：《效率与生产率分析引论（第二版）》，王忠玉译，中国人民大学出版社2008年版。

（二）数字技术提升农业纯技术效率

一方面，数字技术打破了信息不对称的壁垒，加快信息传导与反馈，在显著降低信息传递和搜寻成本的同时，使农业经营主体能够依据市场信息及时调整生产经营策略，在投入一定的情况下实现了产出最大化，从而提高了农业技术效率；另一方面，农业生产经营主体能够通过数字技术与平台及时了解农产品和农资等市场行情，在"信息对称"的条件下科学决策，在农业产出一定的情况下节约了农业生产成本，这也意味着农业技术效率的提高。也就是说，数字技术能有效提升农业纯技术效率。

（三）数字技术提升农业技术规模效率

数字技术能够扩大农民的知识面，普及各种知识和技术，提升农民的生产技能和文化素质水平。而农民文化水平越高，科学素养越好，对新技术的接收能力就会越强，对信息和市场的把握能力和新技术的运用能力也会越强，就能更好地学习新知识、运用新技术，对农业技术规模效率的提高促进作用也越大。同时，数字技术作为一个资源整合平台，通过对土地、资金、劳动、农资等生产要素进行整合，可实现闲散资源的规模化，以持续满足个体多样化的生产经营要素需求，从而提升农业技术规模效率。

（四）数字技术提升农业技术组合效率

数字技术对农业技术组合效率的提升集中体现为合理配置及优化调度农业资源要素，使得农业投入品利用率和组合效率大幅提升。例如，物联网、大数据、云计算、人工智能等现代信息与通信技术在大田种植、设施园艺、禽畜饲养、水产养殖等农业领域的应用，实现了土地、劳动、资金与农机工具、化肥农药、种子种畜等农业资源要素投入的全面感知、先进处理、优化调度、精准控制和智慧管理，节水、节药、节肥、节饲、节劳及高效、安全、生态成为其基本特征。也就是说，数字技术实现了农业资源要素投入的合理化与高效化，提升了农业技术组合效率，由此，农业要素结构也得以优化提升。

三、数字技术赋能农业要素结构升级的作用路径

数字技术主要从技术、平台、组织三个维度直接作用于农业生产、经营、流通、交易等环节，通过促进技术进步和提升技术效率，优化提升农业要素结构。

（一）技术维度

作为一种信息技术和信息产品，数字技术成为农业生产经营的重要投入品，理应能提高农业资源利用率、劳动生产率和生产经营管理水平。[①]也就是说，数字技术作为一种现代生产要素，可以对农业全要素生产率产生直接效应；同时，作为一种革命性的科技变革，数字技术扩散和渗透到农业全产业链的每一个环节，对传统农业进行多角度、全链条的改造升级，推进农业生产方式、组织方式和交易方式不断改进和优化，从而对农业要素结构优化提升产生间接效应。

（二）平台维度

作为一个信息发散传播平台，数字技术能有效降低农业信息搜寻成本，使农业生产者可以在较短的时间内获取最新的知识和市场信息，提升农业纯技术效率；同时，作为一个资源整合平台，数字技术通过对土地、资金、劳动、农资等生产要素进行整合，可以最大限度地优化农业资源配置，持续满足个体多样化的生产经营要素需求，从而提升农业技术规模效率和组合效率，优化提升农业要素结构。

（三）组织维度

作为一种创新的产业组织模式，数字经济具有推动信息共享和促进团队开放合作的特征，有助于发挥社会组织效应，形成多主体参与、开放协作、互利共赢的创新生态系统，系统内各主体通过专业化经营与全面合

---

① 朱秋博、白军飞、彭超等：《信息化提升了农业生产率吗?》，载《中国农村经济》2019年第4期，第22-40页。

作，推动创新进程和技术进步①，提升农业技术创新绩效，从而提升农业全要素生产率，优化农业要素结构。同时，数字经济网络化、开放协作的创新思维与理念深刻影响创新生态系统内各参与主体，龙头企业、平台企业、科技机构、政府等趋向于通过网络化协同创新平台，以开放、合作、共享的创新模式整合系统内、外部资源，进行深度合作和迭代式创新，以提高创新效率，从而不断提升农业全要素生产率，不断优化升级农业要素结构。

第二节　"土地网""耕地云"② 合理配置
与高效利用农地资源

土地是农业生产不可或缺与替代的生产资料，也是农业劳动的对象。我国人多地少，土地细碎化，经营规模小，难以产生诱致性技术变迁，这将在微观上阻碍农户对先进农业技术和机械设备的运用，在宏观上阻碍农业生产方式现代化变革的前进步伐，并进一步制约资本、劳动等要素配置效率的改善和提高。由此，在"三权分置"背景下，推动现代信息与通信技术成果广泛应用于土地管理，以"土地网""耕地云"加快农地使用权流转，发展"云农场""共享农业"等新兴业态，整合分散化的农业闲置资源，提高土地资源配置效率和土地规模效益，成为数字技术重塑农业要素结构，实现农业供给结构转型升级的重要途径。

一、"土地网""耕地云"合理配置与高效利用农地资源的现实逻辑

在坚持我国特定的土地制度的前提下，加快农地使用权流转是整合土

---

① 郭家堂、骆品亮：《互联网对中国全要素生产率有促进作用吗?》，载《管理世界》2016年第10期，第34-49页。

② "土地网"泛指围绕土地流转的全生命周期，利用现代信息与通信技术搭建的信息服务网络系统；"耕地云"则是指围绕耕地管理，利用现代信息与通信技术，实现耕地管控一体化的智能云平台。

地资源、提升农业规模效率和技术进步效率，进而实现农业增长和供给结构升级的不二选择。一方面，随着城镇化进程的加速，农村空心化、农业劳动力季节性短缺日渐显现，引致土地低效利用甚至抛荒。据《中国农村家庭金融发展报告（2014）》，2013年中国农地闲置比重高达15%①。尽管近年来这一情况有所好转，但毋庸置疑，农村土地闲置和低效利用的情况依然存在。另一方面，在现代农业经营体系中，随着新型经营主体如专业大户、家庭农场、农业企业的发展壮大，他们迫切需要通过土地流转来从事规模化农业生产经营活动，需要通过土地要素的合理流动与优化重组，提升土地资源的利用价值和效率。然而，由于信息鸿沟的制约，隐形流转、无序流转和流转范围封闭等问题时有发生，甚至引发社会冲突，这些成为影响我国农地流转的重要障碍。② "土地网""耕地云"高速、高频的信息优势，互联、互通的网络优势和信息交换与资源整合的平台优势正对应着这一弊端，为解决我国农地合理配置和高效利用提供了新的思维模式与路径选择。

（一）破解信息不对称、农地流转交易不畅的有力手段

由于区域、城乡之间信息鸿沟的客观存在，农地流转供求信息不充分、不对称的现象普遍存在，有意转出土地的农户由于找不到合适的受让方，只好将农地闲置抛荒，或粗放式经营。而需要集聚土地进行现代化大规模经营的新型农业经营主体又找不到中意的出让者，只好维持小规模经营现状。"土地网"利用现代信息与通信技术搭建信息服务网络系统，围绕土地流转全生命周期进行全方位服务，打破信息不充分、不对称的"黑箱"，降低信息搜寻成本，畅通土地流转渠道，成为实现我国农地资源有序流动和优化配置的有力手段。

（二）破解信息交互不畅、农地流转空间封闭的有效途径

由于目前我国农村信息化、数字化建设滞后，信息交互不畅，农地流

---

① 金芳芳、辛良杰：《中国闲置耕地的区域分布及影响因素研究》，载《资源科学》2018年第4期，第719-728页。

② 李万明、陈桃桃：《"互联网＋"土地流转：新型土地流转模式运行机制研究——基于土流网的经验考察》，载《价格月刊》2017年第10期，第81-85页。

转多发生于邻里、熟人、亲戚之间，农地流转范围封闭，且以口头松散协议流转、人情关系流转等非市场化交易方式居多，其形式多为代耕式、互换式、租赁式等，限制了受包人对农地的投资和悉心经营的意愿，并且难以从根本上改变农地零碎和分散的基本格局，也难以对生产、生态效率产生实质性的改进作用。"土地网"搭建供给与需求的桥梁，突破信息鸿沟，促进信息交互，拓展了农地流转的时空范畴。"耕地云"利用现代信息与通信技术搭建耕地管控一体化的智能云平台，围绕耕地管理进行精准服务，使得"共享农场""共享农庄"等成为现实，有效提升了耕地配置效率和生产效率。

（三）破解信息服务滞后、农地流转无序的市场化利器

目前，在我国农村农地流转中，信息、交易等主要依赖政府土地管理部门以及村民委员会。如果政府把大量的农地向种田能手、家庭农场、专业合作社等新型农业经营主体集中，可能会导致新型农业经营主体的耕地利用能力与其流入的大规模土地不匹配，从而造成过多的流转农地不能得到充分利用，甚至产生粗放式经营现象。此外，政府主导农地流转的过程可能出现决策失误，从而产生农地流转社会矛盾或冲突。"土地网""耕地云"利用物联网、大数据、云计算、空间地理信息等现代信息与通信技术，建立包括土地流转信息网络平台在内的区域性土地流转信息管理系统，在为流转主体双方节约大量搜寻信息成本、提高土地流转交易匹配度的同时，也有利于流转主体双方根据所获信息做出最优化的市场决策，使农地流转能够按市场规则进行，特别是提高农民的议价能力。

二、"土地网""耕地云"合理配置与高效利用农地资源的应用场景

"土地网""耕地云"实现农地合理配置与高效利用的应用场景主要有以下三个。

（一）提供土地流转信息服务，降低农地流转交易成本

在农地流转过程中，流转的双方都要面临搜寻农地流转的对象、价格、地力、地域等信息，因而农地流转的交易成本主要是农地流转信息的

搜索费用、契约费用、执行费用和监督费用。我国农地流转市场体系建设较为滞后，三级产权交易市场尚未完全建立，以致信息传导不畅，制约了土地流转交易对象、交易价格和交易范围，因而农地流转的交易双方都将增加搜寻、谈判、履约和监督等机会成本。而利用"3S"、大数据等现代信息与通信技术进行土地流转信息收集、处理、存储、分析与挖掘，建立包括土地流转信息网络平台在内的区域性土地流转信息管理系统，提供土地流转政策咨询、土地登记、信息发布、合同制定、纠纷仲裁等服务，在为流转主体双方节约大量搜寻信息成本、提高土地流转交易匹配度的同时，有利于流转主体双方根据所获信息做出最优的市场决策，从而进一步降低市场交易成本。

（二）开展土地监测评估，矫正农地流转中的价格扭曲

信息不对称理论认为，市场主体对市场信息的掌握存在差异，在经济活动中，信息掌握相对充分的将在市场经济中处于有利地位。在农地流转过程中，小农户作为农地流出方，对土地的平整度、基础条件、肥力等信息掌握比较充分，但其力量分散，信息较为闭塞，获取农地流转信息的渠道有限，对土地流转市场的分析能力弱，难以独立、及时且有效地筛选出有价值的信息。而农业大户、农民合作社、农业企业等作为土地流入方，无论是在信息获取渠道、信息采集能力方面，还是在对市场情况以及政策法规的掌握等方面都存在较大优势，从而在市场上处于有利位置。由此可知，在农地供需双方进行交易时，价格的形成其实就是信息博弈的过程，在掌握信息方面具有优势的一方可利用信息优势，在制定农地流转价格时做出对自己有利的决策。而利用"3S"、大数据等现代信息与通信技术为农村土地流转提供价格指导和信息服务，制定包括土地级差收入、区域差异、基础设施条件等因素在内的基准价格，可使农地流转能够按市场规则进行，从而减少土地流转过程中因价格等产生的纠纷，还可以提高农户议价能力，增加转出收益。

（三）实施"农场云""耕地云"管理，提高农地利用效率

信息经济理论认为，信息时代的社会主客体及其他一切物元均能够转化为信息元，且物化的信息元无时间性。在农地流转过程中，一方面，分散经营的农户不可能为了出租或转让几亩土地而主动花费大量时间和成本

来搜寻所有的潜在需求者；另一方面，土地流转的需求方，尤其是经营大户，也不可能主动花费大量时间和成本来搜寻所有的潜在供给者。[①] 利用物联网、大数据、云计算、空间地理信息等现代信息与通信技术，把一家一户的土地数据化、在线化，以"农场云"的方式虚拟流转，实施"耕地云"管理，在帮助农户直接对接需求方，解决土地流转渠道不畅、流转范围小、成本高、效率低等问题的同时，打破距离与时间的屏障[②]，发展"共享农场""旅游民宿"等农地共享模式，可有效解决耕地闲置和小规模分散问题，大幅提高土地利用率与规模效益。

三、"土地网""耕地云"合理配置与高效利用农地资源的实现路径

土地规模化、集约化、高效化利用是提高农业全要素生产率的基础与前提。针对我国农地流转的现状与障碍，需要坚守中国特有的土地制度，充分利用数字技术优势，创新政府治理模式，释放土地资源的巨大潜能，实现土地规模效应，提升土地生产率。

（一）建构数字时代农地流转与高效利用的中国范式

进一步深化农地制度改革，在坚持农村土地集体所有制和遵守土地用途管制的前提下，落实土地"三权分置"制度，巩固土地承包经营权独立属性，继续开展农地确权、承包经营权抵押试点等，引导闲置、分散的农地规范流转，加快发展龙头企业、家庭农场、专业大户、农民合作社等新型农业经营主体和多种形式的适度规模经营。在此基础上，进一步建立健全体制机制，构建良好的政策环境、制度环境和公共服务体系，赋予市场更多自主选择权，因地制宜探索"聚土地""耕地云""共享农场"等土地配置与利用模式的创新路径，以此进一步推动农地经营权流转，增强政府动态监控土地利用能力，提高土地资源配置和利用效率。

---

① 黄祖辉、张静、Kevin Chen：《交易费用与农户契约选择——来自浙冀两省 15 县 30 个村梨农调查的经验证据》，载《管理世界》2008 年第 9 期，第 76 - 81 页。
② 刘子涵、辛贤、吕之望：《互联网农业信息获取促进了农户土地流转吗》，载《农业技术经济》2021 年第 2 期，第 100 - 111 页。

（二）推动农地资源管理与流转交易的数字化

以简单化、标准化、开放式为基准，积极采用物联网、大数据、云计算等现代信息与通信技术，建立信息互联、资源共享，覆盖省、市、县、乡镇四级的农地资源信息综合服务网络平台，加快推动集土地数据、用户数据、行业数据等于一体的土地基础数据库建设，加快农地流转交易中心信息化建设，推进农地流转交易数据化、电子化，形成网上交易、系统管理、软件运行、后台支持全方位数字化的农地流转交易体系。加快农地流转信息咨询、测量估价、金融保险、政策法规、后市场服务等农地流转服务体系建设，结合线上线下开展服务模式创新，鼓励本地化、个性化、特殊化地组织和分配资源，实施土地管理、监测监控、流转交易等定制化、专业化、个性化服务。

（三）强化土地流转数字化平台的监督与管理

一方面，充分发挥政府的主导作用，为农地流转建立起公平、规范、有序的法律法规环境，维护农地流转市场秩序，严控农地流转的各个环节，确保农地流转信息的公开透明和流转交易程序的安全性，有效保障农民土地收益和农村社会的稳定。另一方面，要在确保良性竞争、规范发展的基础上，简化申办程序和流程，引导支持信息与通信技术（Information and Communications Technology，ICT）企业规范有序地参与土地流转专业化服务，鼓励其运用市场化机制与多方共同构建农村土地产权交易的闭环，建立起可信、有效、便捷的"一站式"农地流转服务。同时，要建立严格的土地流转数字化平台服务企业准入制度，建立健全企业资格审查和项目审核等程序，建立动态监管制度，定期对企业的土地流转服务能力、专业水平、违规违法等情况进行监督检查，并建立相应的退出机制，着力加强事后监管。

第三节 "互联网＋培训"① 培育与提升现代农业经营体系

舒尔茨指出，在决定农业生产的增长量和增长率的生产要素中，土地差别最不重要，物质资本差别相当重要，而农民能力差别是最重要的。② 目前，我国农业劳动力老龄化及从业素质不高等问题突出，数字时代的到来，为农民职业培训提供了新的手段与高效路径。

一、"互联网＋培训"培育与提升现代农业经营体系的现实逻辑

开展多形式、多层次、多渠道的农民职业培训，提高农民文化科技素质和实用技术能力，是世界各国的通行做法，更是培育与提升我国现代农业经营体系的需要。但目前在我国农民职业教育培训中，普遍存在资金不足、场地缺乏、形式单一、学用脱节等问题，这些严重制约了教育培训的质效提升。刘剑虹等人的研究表明，目前我国有高达 89.3% 的农民没有参加过教育培训，而参加过培训的有 51.7% 的人认为没效果，只有 47.5% 的人愿意继续参加教育培训。③ "互联网＋培训"以其同步快速、灵活便捷、虚拟现实、高覆盖、低成本等优势，颠覆了以往传统的农民职业技术培训模式，开启了培育提升我国现代农业经营体系的新篇章。

（一）丰富农民职业培训的形式与内容

在农民职业培训中，不同培训对象对培训内容、培训时长等需求不尽相同，传统的学校教育培训不能独立完成职业培训的全部任务，也难以满

---

① "互联网＋培训"泛指基于互联网平台和现代信息技术对受训者进行教育培训，包括网络教学、平台教学等。

② 参见［美］舒尔茨著《改造传统农业》，梁小民译，商务印书馆 2006 年版，第 15 页。

③ 刘剑虹、陈传锋、谢杭：《农民教育培训现状的调查与思考——基于全国百村万民的实证分析》，载《教育研究》2015 年第 2 期，第 123－129 页。

足不同培训对象的不同诉求。而"互联网＋培训"多渠道、多形式、灵活、开放的培训方式，可以更好地服务于培训者，使农民职业培训方式、内容、时间等多样可选和灵活机动。例如，针对有着不同文化、不同技能、不同需求的农民群体，开展远程广播、电视等网络教学，或结合音频、视频等开展现场种养技术、市场信息、农业政策等培训，甚至可以为培训者量身定制，实现个性化的教育培训，为农业生产经营者提供更多的学习方式和学习机会。

（二）提升农民职业培训的积极性与实效性

传统农业职业教育培训通常采用"院校（机构）＋场地＋教师"的教学模式，普遍存在着授课方式单一、培训内容过于理论、讲解方式过于教条等问题，一定程度上存在学用脱节现象，影响了农民群体接受教育培训的积极性。而且受观念、文化等影响，农民自觉接受培训的积极性本就不高，大多数属于被动接受者。"互联网＋培训"以其同步快速、灵活便捷、虚拟现实等特性与优势，提高了培训活动的多样性、灵活性和体验性，激发了农民群体的学习兴趣，从而提高了农民群体参与教育培训的积极性和主动性。同时，平台整合资源，根据农业发展实际及时、合理更新培训内容，增加农业生产新知识、新技术，使得根据个人自我需求因人而异选择培训内容成为可能。线上线下、虚拟现实等形式的教学活动，可以帮助农民将新知识、新技能转化为自身能力，并学以致用，因而"互联网＋培训"能提高培训质效。

（三）扩大和提高农民职业培训的辐射范围和覆盖率

目前，我国农民职业培训资金投入不足，场地、设备等设施建设滞后，师资短缺，严重制约了农民职业培训的覆盖率。"互联网＋"在农民职业培训中的应用，打破了原有的面对面授课模式。利用广播、电视等现代远程教育媒体和线上渠道，教师、专家可以通过直播形式给课堂内学员进行网络授课，通过网络教育、平台讲解等帮助农民及时、详细了解农业生产技术、市场动态、经营方式等，还可以利用电脑、智能手机等移动终端组建培训群，让学员与专家、教师沟通，从而有效突破时空、场地、人员限制，极大地扩大和提高了培训的辐射范围和覆盖率。

二、"互联网＋培训"培育与提升现代农业经营体系的应用场景

"互联网＋培训"培育与提升现代农业经营体系的应用场景主要有以下三个。

（一）农业经营者文化素质与实用技术培训

全要素生产率的提高不仅受技术进步的影响，还在很大程度上受农民知识消化吸收水平和技术运用能力的影响。如果农村人力资本发展水平与新技术的进步速度不相匹配，那么推动农业先进技术向现实生产力转化必定乏力。目前，我国农村存在过多的剩余劳动力，特别是老龄、文化素质低的农业劳动力，他们获取和利用信息、技术、资本的能力差。因此，打造面向农业生产、农民生活、农业政策等的农民职业培训服务平台，通过移动互联网、新媒体等渠道，以精准推送的方式，向农业经营主体提供能读、能听、能看、能互动的文化知识、种养技术、市场信息、经营理念等课程，致力于培养会种养、懂技术、善经营、高素质的现代农业经营主体，是我国"互联网＋培训"培育与提升现代农业经营体系的重要发展方向。

（二）农业经营者互联网知识与技能培训

互联网是获得信息、知识与技能的重要渠道。截至 2021 年 12 月底，我国农村地区互联网普及率已达到 57.6%，农村网民规模已达到 2.84 亿人。① 但由于我国农村地区受教育程度普遍偏低，互联网在农村尚未从消遣工具转变为可获取新知识和新技术的应用平台。目前，农民使用网络更多是用来浏览新闻、玩游戏等，利用互联网等数字化手段获取新知识、学习新技术的能力较弱、能动性不强，独立访问或者查找资料的能力不足，离实现从传统、单一的生产者转变为有文化、懂技术、会经营的现代农业经营主体还存在较大差距。因此，对农民进行互联网思维与信息技术培训，是我国"互联网＋培训"优化提升农业经营体系的必然要求。其中，

---

① 王壹：《我国农村网民规模已达 2.84 亿》，载《农民日报》2022 年 3 月 4 日第 4 版。

提高农业经营主体运用电脑、智能手机等获取生产、生活信息与知识技术的能力尤为重要。

（三）新型农业经营主体数字化技能培训

现代农业对农业经营主体提出了更高的要求，以种养大户、农民专业合作社、家庭农场、农业企业等为主的新型农业经营主体通过土地流转实现了适度规模经营，通过引入社会化服务提高了农业生产效率①，成为现代农业发展的中间力量和主力军。但是，目前我国新型农业经营主体规模小，且整体实力弱。调查中发现，许多生产大户、家庭农场等新型农业经营主体受教育程度较低，缺乏现代农业生产知识与技能，特别是缺乏精准农业、智慧农业生产技术和网络营销、电子商务的知识和技能。因此，将物联网、大数据、电子商务等现代数字化元素融入农民职业培训内容中，以"互联网＋培训"形态提高新型农业经营主体应用新一代信息与通信技术的能力，是我国优化提升农业经营体系的重要内容。其中，包括数字技术农业生产装备运用、农业信息平台应用、农产品电子商务基础知识、农产品网络营销等方面的网络培训、平台培训和云课堂等。

三、"互联网＋培训"培育与提升现代农业经营体系的实现路径

（一）强化政府主导

作为准公共产品，农民职业教育培训应主要由政府提供。政府要加快顶层设计，出台并落实好相关扶持政策，从制度上提高农业高职院校、职教中心、社会机构等各培训主体的积极性，适应农民教育培训需求多层次、多类型、多样化的特点，探索形式各异的"互联网＋"农民职业教育培训模式。建立相关的法律法规体系、运行管理体系、技术支持体系等，把"互联网＋"农民职业培训纳入法治化、规范化管理轨道，通过

---

①　韩旭东、王若男、杨慧莲等：《土地细碎化、土地流转与农业生产效率——基于全国2745个农户调研样本的实证分析》，载《西北农林科技大学学报（社会科学版）》2020年第5期，第143－153页。

政策、法规等激励与约束措施，全力打造有文化、懂技术、会经营、善管理、适应现代农业发展需要的现代农业经营体系。同时，各级政府要加大资金投入，加快"智慧农民云平台"建设，提速乡村数字化软硬基础设施建设，特别是要强化农村网络光纤通信基站等新基建，完善网络宽带运营服务与提速降费，推动高职院校和社会机构提供优质专业服务，为实现"互联网＋培训"培育提升现代农业经营体系提供良好的基础条件。

（二）鼓励社会参与

改革资源投入与开发方式，积极引导社会机构、农业企业、ICT 企业等投身"互联网＋"农民职业培训，通过引入市场化机制，推动形成多形式、多层次、多对象、多目标的"互联网＋"农民职业培训格局，实现农民教育培训的可持续发展。例如：政府在保证基础性、公益性等农民培训项目供给的同时，采取设备补贴、减免税费等方式，引导与鼓励社会办学机构开展市场化的"互联网＋"农民职业培训，或政府直接对个体农户、种养大户、家庭农场等农业经营主体发放培训券，农民持券到指定培训机构接受免费或优惠培训；通过政府支持的乡村振兴、数字农业、智慧农业、示范园区建设等项目，指导与扶持 ICT 企业或新农人进入职业农民培训的新兴市场，借助数字技术的强大引擎，构建农民职业培训社会化运营平台，或构建支持生产、提升技能、学习交流的社交平台，为种养大户、家庭农场、农民专业合作社、农业协会等新型农业经营主体提供在线知识与技能培训，提供农业全生命周期的在线、实时教育培训服务。

（三）创新供给模式

充分利用中国农村远程教育网等网络平台，整合优质教育资源，利用现代信息与通信技术的优势，建立教育培训与农业生产实践紧密结合的循环式学习模式，开展以种养技术、农产品加工、农机农具操作维修等为重点内容的在线教育课程，全方位满足不同层次、不同技能、不同诉求学员的培训需求，实现农民自主学习和终身教育培训。利用电脑、智能手机等移动终端，通过文字、语音、视频等方式，实现农业培训资源的有效汇聚和随时随地的教育培训。充分利用"中国农技推广"App、微信群等数字技术手段，构建包括农业经营者、农业专家、农技员、农民合作社等在内的信息交流平台，为农业生产经营主体提供生产、加工、流通、市场等方

面的培训服务，推动各主体之间的多向、多元信息交流，推进数字技术向
农业生产经营领域渗透，并以"平台＋社群"模式助推农业生产、经营、
服务等领域的新农人快速成长。充分利用科教云平台、智慧农民云平台、
12316 等各类农业信息服务网络平台，建设农业知识、技术智能培训服务
工程，加快推进农业物联网测控体系、智能农机装备、水肥一体化、农机
定位耕种，以及智慧农牧场、高可控设施园艺、农产品加工智能车间等数
字技术应用场景建设，建立虚拟化的数字农业、精准农业、5G 智慧农业
等实验室实训模式，为培育农业 4.0 时代的新农人提供崭新的培训方式。

第四节　数字金融、区块链化解农业融资难与征信难

　　长久以来，贷款难、融资难、征信难一直是我国农业发展的掣肘。新
一代信息与通信技术的诞生，使得通过大数据、区块链征信实现风险控
制，应对缺乏信用记录、征信难等问题成为可能，通过微型贷款和电商平
台下沉投融资渠道，应对单笔贷款金额小、管理难等问题成为现实。可以
说，大数据、云计算、区块链等新一代信息与通信技术打破了传统金融模
式的时间、空间与成本约束，通过自身的便捷、快速、高效、安全等多重
优势，促进资金"上山下乡"，提高了农业金融的配置和使用效率，成为
数字技术赋能农业要素结构优化、驱动农业跨越式发展和结构转型升级的
新动能。

一、数字金融、区块链化解农业融资难与征信难的现实逻辑

　　新中国成立以来，我国农业金融的发展伴随着农业经营制度的改变而
发展变化，当下已形成政府机构、商业银行、农业经营主体之间合作共赢
的发展格局。但由于发展单一，手段落后，随着现代农业的不断发展和对
金融需求的不断增加，农业"融资难""融资贵"问题时有发生。其成因
是复杂多元的，既与农业生产经营的不确定性紧密相关，也受农业金融、
保险等服务缺位、渠道不畅、产品不足等影响。大数据、云计算、区块链

等新一代信息与通信技术的兴起，使传统金融行业加速革新，为现代农业资本进入提供了新的路径。

（一）降低农业贷款的风险性

缺乏抵押物、偿还风险高是农业融资难的主要成因。从贷款抵押来看，农业经营主体多地处农村，资产价值较低，考虑到资金成本，会首先选择农业设施设备抵押贷款和农作物预期收益质押贷款等。但实际上，由于农业经营主体所拥有的农业设施设备、农产品等抵押物存在估值难度大、处置难度大、变现难度大等特征，银行等正规金融机构时常存在不敢贷、不愿贷的现象。近年来，虽然中央出台政策对"农村土地承包经营权和农村住房财产权抵押贷款"进行了试点，但目前这一政策落地落实仍然需要时间。资产价值低、变现能力差、有效抵押品缺乏，导致农业经营主体仍然难以从正规信贷市场获得资金。从偿还能力来看，农业生产具有季节性和弱势性，面临着市场波动、自然灾害、经营管理困难三重风险，从而导致生产经营效益不稳定。同时，农业生产经营成本包括土地流转费用、农资农机购买费用、雇佣劳动力的工资支出和融资成本等刚性支出很难减少，并且还呈现逐年上升的趋势，而经营收入的不可控的影响因素较多，一旦遇到风险，其偿还贷款的能力较弱，因而影响了金融机构的农业贷款积极性。

数字技术的快速兴起及其成果在农业金融领域的应用，通过交易大数据分析，可以破解资金供需双方因信息不对称而产生的逆向选择难题；通过区块链构建"信用链"，可以解决农业经营主体融资面临的担保、抵押和信用等问题，从而降低信贷风险，减轻逆向选择。同时，数字技术打破传统金融机构实体经营的固定模式，突破金融产品传播的地域障碍和空间限制，在降低金融机构运营成本的同时，也降低了金融机构的信息收集成本和交易成本，并通过去中心化和多元化的服务方式进一步融通借贷信息链，进而降低其所面临的农业贷款成本和风险不确定性，提高金融机构对农业生产经营的贷款意愿。

（二）提高农业融资的普惠性

目前，我国农业贷款资金发放主体仍以银行等传统金融部门为主，受限于运营成本、利润需求、风险控制等，一般传统银行业很难为农业经营主体提供物美价廉的金融服务。数字金融的快捷化、去中心化特征能解决个体农户分散、交易成本高等问题，多样化的金融新业态，能够实现金融资源的跨区域服务和满足多层次群体的需求，相对透明的经营模式和简单的操作方式，容易打消人们对金融产品的顾虑，更好地满足个体农户、家庭农场、农业中小企业、农业龙头企业等多层次客户群体的不同融资需求。此外，数字金融能够促进金融资本优化配置，加速金融资源下沉，在客户覆盖量、金融机构参与度、贷款规模等方面，具有无可比拟的优势。这意味着现代信息与通信技术的快速发展，将打通普惠金融服务直达农户"最后一公里"的通道，提供惠及广阔农村和广大农户的金融服务。表6－1为不同农业生产经营主体的信贷需求分析。

表6－1　不同农业生产经营主体的信贷需求分析

信贷需求主体		自身特点	资金需求特点	信贷供给主体
农户、微型企业		资金短缺，固定资产评估价格较低，缺乏有效抵押物，贷款风险大	短期的、小额的、易得的、手续简单的，以一年或半年为生产周期	民间小额贷款、政府财政性资金、村镇银行等
涉农中小型企业		缺乏贷款所要求的抵押担保品，市场具有不确定性，贷款风险较大	筹建期资金需求量较大，运营期资金需求量具有季节性，资金需求大于农户	民间金融、小额信贷、农村商业银行、农信社等
农业龙头企业	初期	发展前景不明朗，缺乏有效的抵押、担保	资金需求量较大，具有季节性	风险投资、商业性信贷、政策性金融
	成熟期	资金实力较为雄厚，贷款风险较小	资金需求量较小，主要是流动性资金需求	商业金融机构、政策性金融

（三）保障借贷双方的公平性

当前，农业经营主体多以个体、家庭为单位从事农业生产经营活动，即便是新型农业经营主体，也存在管理松散、财务制度运行不规范和不健全等问题，导致金融机构难以据此准确判断其经营实力，严重制约了贷款投放。同时，由于农业是基础性弱势产业，且受外部因素影响较大，金融贷款机构支持农业经营主体需要担保、保险来稀释风险。从农业信用担保来看，由于农业融资缺乏合适的抵押物或担保产品，加之利润率低，商业性担保公司一般不愿为其提供信用担保。从农业保险来看，由于赔付率较高，一般商业性保险公司的积极性不高，农业"信贷＋保险"类金融产品覆盖面窄。目前，就农业保险来说，我国仅有阳光互助保险公司、安华农业保险公司、太平洋安信农业保险股份有限公司等少数几家专业性的农业保险公司运行。此外，农业贷款风险分散与补偿机制不健全，如何合理地划定农业经营主体、放贷机构、政府、保险公司、担保机构等各方的贷款损失承担比例及各方参与模式等，还需进一步设计与完善。

数字金融能够快速批量、自动化授信，在对信贷风险的评估、控制更加精准的同时，增强了资金需求方获得信贷支持的可能。因此，数字技术不仅能有效降低金融机构服务"三农"发展的成本，以较少的资源满足用户较多的需求，还可以缓解"精英俘获"所带来的机会不平等问题，增强农民信贷支持可获得性，在农村地区实现借贷双方资金的有效匹配和交换，使农业经营主体有机会获得急需的贷款，缓解资金约束，实现增资扩产，为其实现规模化、现代化经营铺垫基础。例如，山东威海农商银行通过建设以"普惠金融云服务平台"为核心的数字金融服务体系，打造"下沉"服务渠道，做到线上线下融合，实现线下全打通、线上全覆盖。同时，充分发挥农金员作用，为客户提供足不出村庄、社区的贴心服务，打通"最后一公里"，扩大金融普惠性和易得性，逐步形成以银行为核心的数字金融生态体系，打造了农村金融服务新模式。[①]

二、数字金融、区块链化解农业融资难与征信难的实践模式

数字技术与农业金融的跨界融合，在我国广阔的农村大地上出现形式多样的实践模式。

---

① 《威海市商业银行：聚焦平台创新，打造智慧银行》，见鲁网（http://f.sdnews.com.cn/sdcsx/201907/t20190704_ 2578489. htm），2019 年 7 月 4 日。

（一）农业众筹

农业众筹是指发起人利用互联网平台发布农业项目向社会公众筹资，并给予筹资人某种回报的融资模式。[①] 农业众筹最早出现在美国，代表性的实践者是 Fquare 与 Agfunder。2014 年后农业众筹进入我国，淘宝众筹、尝鲜众筹、大家种等一批农业众筹平台相继建立，各种特色农产品众筹项目纷纷上线运行。同时，随着农业众筹的发展，其内涵和外延也不断拓展，除农产品众筹外，实践中已衍生出农场众筹、土地众筹、农业技术众筹等不同类型。

农业众筹突破地域限制，有效拓展资本来源，广泛汇集社会闲散资金用于农业全产业链的各个环节，满足农户、家庭农场、龙头企业等多层次农业经营主体融资需求。且农业众筹面向大众，融资门槛低，能够发挥其"长尾效应"，解决农业经营主体融资难问题，是农村普惠金融的有益补充。[②] 此外，农业众筹不仅能有效化解农业融资难、融资贵问题，而且是一种农业生产经营模式创新。从生产者的角度来说，农业众筹整合分散、闲散的土地资源，按需生产，减少中间环节成本消耗，降低市场风险，增加经营收入；从消费者的角度来说，农业众筹不仅能提供健康安全的农产品，还能让他们享受田园生活的乐趣，增强消费者体验。因此，农业众筹不仅对农业生产、经营、管理、服务全产业链各环节的资本经营具有深刻影响，而且使农业生产者与消费者紧密相连，供需信息匹配，从而能在一定程度上解决"买难""卖难""多了多了""少了少了"的问题。

但是，目前要加强农业众筹的风险防范与法治监管，在做好自然风险、市场风险防控的基础上，尤其要有效防控其社会风险。要进一步完善农业众筹行业相关政策，规范农业众筹发布平台建设与运营，健全农业经营主体、平台企业、投资者等各方参与模式与机制。同时，要加强对农业众筹项目进展的全程监管，提高农业众筹项目的准入门槛和监管力度，确保农业众筹行业的规范化操作，确保农业众筹的可持续发展。

[①] 张燕、侯启玲：《"区块链+农业众筹"：创新、风险及其法治监管》，载《华中农业大学学报（社会科学版）》2021 年第 4 期，第 137 – 145、184 – 185 页。

[②] 朱海波：《农业众筹对普惠金融创新与农业发展的影响研究》，载《农村金融研究》2016 年第 12 期，第 65 – 70 页。

（二）互联网农业供应链金融

2019 年 2 月，中国人民银行等五部门联合印发《关于金融服务乡村振兴的指导意见》，明确提出大力发展互联网农业供应链金融，依托核心企业提高小农户和新型农业经营主体融资可得性。[①] 互联网农业供应链金融作为新型数字金融的热点，是指商业系或银行系电商，利用新一代信息与通信技术的信息优势，整合农业供应链上下游供销商、物流商、交易商等生产、交易信息，以信息流融通物质流和资金流，引入或依托旗下的金融企业、网贷企业对供应链上各主体有针对性地提供征信、融资、担保、风险管控等金融服务，以提升供应链金融现代化水平，实现价值链重构。目前，B2B 模式、B2B 与 B2C 相结合的模式，以及"N + N"模式在农业供应链融资中的应用日趋成熟，为农业经营主体提供了新的融资载体与方式。

（三）区块链农业金融

区块链的应用场景主要是解决信息不对称、中间环节多、交易过程不透明等问题，确保交易安全，促成信用履约，为多主体之间协作信任与一致行动提供解决方案。目前，区块链技术的应用已成为金融科技发展前沿领域，为金融行业带来颠覆性革新，也为农业金融的风险应对和创新发展提供新的技术支持。从理论层面来看，区块链技术能够更好地解决与巩固农业借贷者之间的信用共识，使资金交易过程更加安全和高效，降低农业融资风险。具体来说主要体现在以下三个方面：一是去中心化的高效信息共享、"少数服从多数"的共识机制可化解农业金融中的信任风险，降低信任成本；二是区块链采用分布式记账模式，记录农产品育种、生产、储运、交易等全程数据信息，数据信息被盖上时间戳加密保存，从而实现对农业融资项目运行中的资金监管，确保资金安全和合理使用；三是区块链集体维护、去中心化、公开透明、共识共享、智能合约等特征，可为金融机构的项目审核提供真实、准确、充足的信息支持，并可为项目权益分配创造安全、精准、智能、高效的实现路径，促成农业经营主体信用履约，

[①] 《五部门联合发布〈关于金融服务乡村振兴的指导意见〉》，见中国政府网（http://www.gov.cn/xinwen/2019 – 02/11/content_ 5364842.htm），2019 年 2 月 11 日。

从而降低农业融资运营成本和风险。

三、数字金融、区块链化解农业融资难与征信难的实现路径

目前，数字金融在我国农业领域的应用还处于初始阶段，面临着金融产品少、覆盖面不全、风险隐患比较突出等问题。因此，应着重围绕技术支持、制度保障、风险防控等方面，不断强化其助力农业供给结构转型升级和高质量发展的可及性。

（一）鼓励大型 ICT 企业积极参与乡村数字普惠金融建设

发展普惠金融的主要目的是跨越"精英俘获"的障碍，扩大金融服务的范围和覆盖面，使农村居民同城市居民一样，能够公平、便捷地享受金融产品与服务。数字技术与金融的深度融合，能够有效降低金融服务成本，提升金融服务效率，更好地发挥普惠金融"惠及人人"的优势。例如，数字普惠金融在降低金融机构服务农村发展成本的同时，能更便捷、全面地收集信用数据，构建农村信用数据库，缓解金融机构与农业经营主体之间的信息不对称问题，提高农业经营主体融资可得性，为推动乡村创新创业提供保障。因此，推动数字普惠金融发展，解决农村金融服务的痛点、难点问题，提升农业经营主体金融服务的可得性是大势所趋。

然而，我国服务"三农"发展的金融主力军以农商银行、村镇银行等地方中小金融机构为主，这些金融机构以传统金融业务为主，资产规模小、业务范围窄，数字普惠金融的发展还处在初级阶段，金融产品、运营模式、风控手段等发展还较为滞后，业务线上化、数字资产化、运营智能化、平台开放化程度不高，靠自身发展为农村提供数字普惠金融服务还存在较多困难。而大型 ICT 企业往往沿袭"用户""云""端"等思维来看待金融服务，不仅拥有信息技术优势和数字经济思维模式，还拥有人力、资金、资源优势。因此，鼓励和支持大型 ICT 企业参与乡村数字普惠金融建设，能够破解数字技术服务农业金融的技术障碍，促进数字金融企业与传统金融机构错位竞争，实现农村普惠金融助力农业要素结构优化升级的目标。

（二）建立健全农业经营主体信用体系

"征信"在农业金融中起着基础性、支撑性作用。农村信用体系的不健全、不完善，是农业金融发展的重要阻碍，也是农业经营主体融资难的重要原因之一。尽管中国人民银行长期以来不断推进农村信用体系建设，为超过2亿的农户建立了信用档案，但相对于规模庞大的农户群体而言，显然远远不够。在征信体系建设中，数据、商业模式是核心要素，尽管一些大型科技公司和政府相关部门也掌握了大量的相关数据，但由于存在"信息孤岛"，各部门所掌握的信息资源得不到整合，影响了金融机构对农户的信用评估。

因此，要加强农村信用信息平台的建设与运营维护，充分发挥全国信用信息共享平台和金融信用信息基础数据库的作用，加强现有金融信息资源的整合，加强农户、涉农企业信用信息数据库建设，健全完善信用信息综合服务平台，建立授权与准入、信息查询、数据更新、异议处理等信息安全保障制度，为农业经营主体信用评价提供权威的信息共享平台。加强信用信息的收集与整理，借助一批农业科技服务企业、电子商务企业、科技金融企业多年来深耕农业农村积累的海量交易数据，创新信用评价指标，建立信用评价模型和评级标准，完善信用评估机制。推动电子信用档案建设，支持金融机构为农户、家庭农场、农业龙头企业等建立电子信用档案，进行信用评级分类，并强化正向激励，对符合授信条件的农业经营主体加大贷款额度，助力其拓展业务。

（三）拓宽乡村数字金融网络设施覆盖面

发展乡村数字金融的本质和目的，就是充分利用现代信息与通信技术的优势，提高农业融资的效率和金融服务的受众面。但目前我国农村信息化基础设施薄弱，农村金融网络的覆盖面不足，农业经营主体利用互联网、移动互联网获取信息和接受金融服务的程度仍然有限。

因此，要进一步完善农村电信运营商服务补贴制度，采取政府引导、企业运作、农民受益的建设模式，加快农村信息化、网络化设施升级换代，扩大农村金融网络覆盖面，助推数字金融有效汇聚资金流，为现代农业的发展谋求新的广阔天地。鼓励金融机构以实体、数字等方式下沉金融服务，加大智能柜员机、自助银行、POS机、助农取款点等在农村的布局，通过移动互联网和移动终端为农村提供便利金融服务，切实提高农村地区长尾客户的服务效率。提升金融机构数字技术与设施水平，鼓励金融机构与 ICT 企业开展合作创新，围绕农户、家庭农场、农业龙头企业、新兴职业农民等各类农业经营主体的不同金融需求，探索开发数字金融支农新产品、新服务。鼓励发展互联网农业供应链金融、农业众筹平台等，充分利用数字技术和信息基础设施优势，打通农业全产业链资金链条，为农业供应链上农业经营主体提供低成本、高效率、便捷、优质的金融服务。

（四）完善乡村数字金融规制与风险监控

数字金融在农业农村的创新运用，离不开规范有序的发展环境。目前，我国农村地区已成为数字金融抢滩登陆的"新风口"。但由于金融法律法规等制度建设滞后，加之大多数农民风险识别能力有限，容易成为网络诈骗、"庞氏骗局"和不良投机行为的受害者。此外，数字金融在提升金融服务质量和效率的同时，也带来终端、平台、网络等新的安全风险因素。因此，要进一步强化乡村数字金融的法治保障，在合理用好财政杠杆，鼓励和吸纳更多 ICT 企业、金融机构参与其中，探索创新数字金融服务农业农村发展模式的同时，加快数字金融立法进程，制定综合性的数字金融法规政策和统一的行业标准，为乡村数字金融规范有序健康发展提供法律保障。

要积极构建农业农村数字金融的风险内控机制和监管体系，在推进农村产权抵押立法、完善农业保险制度、拓展农业担保内容的同时，搭建适应数字金融属性的监管体系，建立乡村数字金融的风控与监测机制，在规范发展的基础上做好监管。充分利用现代信息与通信技术，建立完善农业农村数字金融行业数据库、监控平台等，构建系统性、整体性的监管体系，严格实施监管措施，切实保护市场主体的合法权益。加快对农业农村数字金融数据的采集分析，针对农业借贷资金期限短、频率高、数额小等特点，探索建立流动性管理指标体系，对流动性风险进行统计分析和实时监测评估，规避风险，强化惩戒，维护乡村数字金融秩序和农村社会稳定，使数字金融更好地服务于现代农业的发展。

第五节　数字技术赋能农业要素结构升级的案例研究

长久以来，贷款难、征信难一直是我国农业发展的掣肘。近年来，金融系统积极响应国家政策号召，致力发展数字金融助力乡村振兴，通过金融服务数字化、智慧化，乡村融资环境持续改善，农业客户群体融资的便利性、可得性得到有效提升。本节以江西农商银行为样本，基于单案例研究方法的步骤和规范，进行数字技术赋能农业要素结构升级的案例研究，并希望以此为我国农业要素结构数字化重塑提供经验借鉴，以期对前述理论进行佐证、解释与补充。

一、研究设计

（一）案例选取

2016 年年末，江西省 86 家农合机构全面改制为农商银行，成为全国第五个全面完成农村信用合作社（下称"农信社"）银行化改革的省份。通过主动适应现代银行发展趋势，深化经营管理机制改革，构建起"前台全面受理、后台集中处理"的业务运行模式，并实现了"三农"小微业务专业化、集约化运营。2017 年，中央一号文件明确提出"鼓励金融机构积极利用互联网技术，为农业经营主体提供小额存贷款、支付结算和保险等金融服务"[①]。2021 年，在大力开展金融科技助力乡村振兴的背景下，江西农商银行启动了专为农业客户群体定制的"百福惠农贷"项目。该项目为广大农户和农村新型经营主体提供智能化、定制化、线上化的信贷金融服务，在实现农户贷款"一次不跑"的便捷化办理、优化客户信

---

① 《中共中央　国务院关于深入推进农业供给侧结构性改革加快培育农业农村发展新动能的若干意见》，见新华网（http://www.xinhuanet.com/politics/2017 – 02/05/c_ 1120413568_ 3. htm），2017 年 2 月 5 日。

贷体验的同时，也实现了农业贷款额度更高、效率更快、受益面更广，是江西农商银行运用数字技术助力乡村金融创新的开创性探索，具有较好的代表性和典型性。

（二）数据资料的收集与整理

素材收集和数据资料主要来自与江西农商银行的小型座谈会、企业内部资料等。对所获得的数据资料，课题组经过梳理、分析、总结、归纳，提炼出数字金融缓解农业融资难、征信难的业务逻辑、流程、机制、绩效等，并多次讨论，探讨其可能的经验借鉴与启示。

二、案例分析

（一）产品定位

江西农商银行以服务"三农"为初心，聚焦农户、农业小微企业和创新创业企业等，坚守支农支小的市场定位，依托现代科技金融手段，创新推出"线上＋线下百福惠农贷款"产品，以信贷业务数字化优化配置信贷资源，为广大农户和新型农业经营主体提供更方便快捷的金融服务，促进农业增产、农民增收和农村经济发展。

（二）业务逻辑

江西农商银行以农户和新型农业经营主体为客户群，采取整村推进"线上＋线下模式"，将"百福惠农贷"基础类产品分为两大类，分别为"惠农网贷"和"惠农易贷"。"惠农网贷"主要围绕农村居民衣、食、住、行等生活场景及农资采购、产品销售等经营场景，遵循"小额快速、自动审批"的原则，通过网上银行、手机银行等打造网上金融超市，可借最高额度为20万元。客户可以足不出户轻松办理借款申请、签约和发放。通过改善农村支付环境，培养农村居民的线上支付习惯，形成了以支付为核心的农村综合数字普惠金融服务体系。"惠农易贷"则为用于经营和消费的线上与线下相结合的贷款，充分融入农业供应链，依托电子商务平台，遵循"额度更高、效率更快、受益面更广"的原则，搭建"工业品下乡"和"农产品进城"的线上渠道，将传统的线下涉农贷款业务升级为线上申贷、审贷和放贷，向批量化、线上化、自动化作业方式转变，满足农户，特别是农业企业、种养大户、农业合作社等新型农业经营主体的大额融资需求。

（三）业务流程

"百福惠农贷"以江西农商银行打造的小微信贷 3.0 流程体系为基础，以数字技术为手段，实现了农户类客群信贷业务数字化的良好转型。即在完成整村推进和名单制管理模块后，依次进行进件和预筛选环节、分层尽调环节、综合审批环节和签约放款环节，客户通过线上、线下渠道向户籍地或常住地或经营注册所在地的农商银行提出融资申请，通过数字风控 3.0 智能决策给出客户定制化利率、授信额度，客户自主进行申请线上放款还款。通过限时办结制、精简办贷流程、完善授信评审等措施，全力做到贷款当天调查、当天审批、当天办结，放贷效率不断提升。

（四）技术方案

"百福惠农贷"产品支持客户通过江西农信微银行、手机银行、e 百福 App、线下网点、支付宝"赣服通"等渠道向户籍地或常住地或经营注册所在地的农商银行提出融资申请，充分发挥"数字风控 3.0"技术，实现业务线上或"线上 + 线下"模式办理。同时，通过搭建全新的智能决策平台，以大数据分析为基础，对相关业务系统进行改造，实现风控与信贷流程的结合、线上线下融合、客户分层尽调、定额定价自动化审批、贷前中后全闭环数字风控管理，采用线上、"线上 + 线下"服务的模式，实现了贷前、贷中各环节智能化流程。并通过制定贷后风险排除和预警规则、无逾期的风险预警模型及策略、有逾期客户的催收模型及策略、尽调更新策略及贷后续贷管理策略等，完成贷后风险预警、续贷管理、逾期催收管理智能风控流建设，形成贷前、贷中、贷后全生命周期的智能风控管理。

（五）产品效应

1. 农业融资难、融资慢问题有效缓解

"百福惠农贷"产品线上操作、利率优惠、入账快速的特点契合了广大农户和新型农业经营主体"需求广、资金少、使用急"的金融需求。

仅 2021 年 8 月 22 日至 2021 年 9 月 26 日，江西全省农商银行就累计发放"百福·惠农网贷""百福·惠农易贷"贷款 24313 笔、金额 8.75 亿元，有效缓解了农户群体融资难、融资慢等问题。其中，乐安市农商银行开辟的贷款快速审批、快速放款绿色服务通道，在前期已发放 1500 万元贷款的基础上，不到 2 天时间就为当地中药材加工种植企业追加了 500 万优惠利率贷款，让企业有充足的资金进一步扩大中药材种植规模。

2. 金融涉农业务更加畅通高效

"百福惠农贷"打通了手机银行、e 百福、移动营销等获客渠道，拓宽了营销获客手段并支持全员营销，提高了办贷业务量。同时，贷款操作流程简单，只需要输入简单的信息，系统就会自动调用行内、行外信息，给出预授信额度、期限和费率等信息，客户体验更优、效率更高。目前，"百福卡"每天发生金融交易 43 万笔以上，"百福通"聚合支付为商户提供扫码收单近 70 万次，每天通过手机银行、网上银行、微信银行为约 1440 万互联网金融用户提供业务，每天有近 150 万笔支付清算业务、近 5.3 万笔后台集中作业业务快速办理。

3. 有力支撑了农业结构的调整优化

江西农商银行依托前期扫村、扫街、扫户、扫园等方式，实现"整村推进"，主动对接和满足农村客户群金融需求，特别是主动跟进、积极谋划，广泛对接当地政府和农林水利等部门，联合推出"乡村振兴贷""畜禽洁养贷""农机贷""农资贷"等特色信贷产品，优先保障粮油、畜禽、蔬菜、生猪保供和农业生产重点领域的信贷资金需求，做到"应贷尽贷"。同时，通过微信朋友圈、微信群、订阅号等线上途径广泛调查了解农户、农民专业合作社、农业龙头企业等各类涉农主体的资金需求，对中国人民银行江西省分行下发的地方涉农重点企业实行名单管理和全面对接，对种养大户、农村新型经济组织、农资农机经销大户等重点客户，安排专业对接调查，做到需求早对接、资金早投放，有力支撑了农业结构的调整优化。2020 年春耕期间，江西农商银行通过"百福惠农贷"，对符合办贷条件但无法到现场办理的客户，按"实事求是、依法合规"原则，结合视频、微信等多种远程方式采集确信信息，及时满足了其疫情期间春耕备耕生产资金的需求。

三、结论与启示

江西农商银行充分利用数字技术助力金融产品和服务模式创新，成功破除了传统金融模式在运营、监管以及风险控制等环节的种种弊端，打破了传统农业融资难、融资贵的掣肘，为农村居民提供了个性化、差异化和普惠化、便利化的金融服务，在扩展农村金融应用场景、优化农户客群信贷体验的同时，提升了金融服务农业转型发展的实效。其成功经验主要有以下三点。

（一）数字技术提升金融产品质量与服务水平，有效缓解农业贷款慢和贷款贵问题

江西农商银行借助数字风控 3.0 流程，运用大数据分析等技术手段，引入内外部数据，研发适合农户客群的"百福惠农贷"产品，支持客户通过手机银行、e 百福 App、移动 PAD、微银行、支付宝"赣服通"金融专区、线下网点等线上、线下服务渠道向户籍地或常住地的农商银行提出申请，实现业务线上、"线上＋线下"模式办理。支持客户自主进件，且操作简单，只需要输入简单的信息，不需要客户在自主进件或者客户经理在进件时搜集复杂、冗余的信息。系统自动调用行内、行外信息，给出预授信额度、期限和费率等信息，银行根据预授信的结果执行分层尽调策略，将行内、行外所缺失的信息通过调查环节尽调补充，贷款申请、审核、审批、放款效率得到了显著提升。其产品和服务具有"线上操作、利率优惠、入账快速"的特点，契合广大农户和新型农业经营主体"需求广、资金少、使用急"的金融需求，有效缓解了农户群体贷款慢、贷款贵的问题。

（二）数字技术创新农业担保与征信，有效解决农业征信难和贷款难问题

缺乏抵押物、偿还风险高是农业融资难的主要成因。"百福惠农贷"产品在原有信贷流程基础上新增名单制管理流程，基于行内已完成的"四扫"（扫园、扫街、扫村、扫户）营销数据，采用"背靠背调查"和"整村推进"方案，将农户白名单信息和不受邀约名单进行收集、录入和

管理，为广大农业生产经营者精准"画像"，实现农村客户群精准营销与授信。此外，根据农业生产"急频快"等特征，推出"百福·惠农易贷""百福·惠农网贷"两款产品。两款产品均为纯信用方式，无须抵押担保。同时，"惠农网贷"采用大数据、区块链等技术，将风控模型及风控规则嵌入办贷流程中的各环节，实现了贷前、贷中流程风险识别与风险控制。在进件和风险预筛选环节，进行逐层风险排除和控制，包括第三方反欺诈、行内黑名单、行外黑名单、业务准入规则、风险排除规则、信用风险评级、风险定额、风险定价等。在尽职调查环节，采用现场尽调打卡、尽调表格内（外）部逻辑验证、现场与非现场综合审批策略对比的方式，进一步控制风险。在审查审批环节，审查审批策略可使审查审批人员对不同维度的信息执行针对性审查审批任务。在签约用信环节，客户申请用信时需要重新进行风控校验，从而将风险降低。由此，"百福惠农贷"创新了农业担保与征信方式，有效解决了农业征信难、贷款难等问题。

（三）数字技术打破时空与成本约束，有效降低农业金融风险和借贷成本

运营成本高、利润低、风险难控制是一般传统银行业不愿对农业经营主体提供金融服务的主要原因。"百福惠农贷"通过大数据分析等技术手段，引入内外部数据，破解资金供需双方因信息不对称而产生的逆向选择难题，从而有效降低信息搜寻成本和交易成本。通过区块链构建"信用链"，破解农业经营主体缺乏信用记录、融资担保难、抵押和征信难等问题，从而降低信贷风险。同时，数字金融快捷化、去中心化特征突破传统金融产品传播的地域障碍和空间限制，打通普惠金融服务直达农户"最后一公里"的通道，提供惠及广阔农村和广大农户的金融服务，进一步融通借贷信息链，解决个体农户分散、交易成本高等问题。由此，"百福惠农贷"打破传统金融模式的时间、空间与成本约束，通过自身便捷、快速、高效等多重优势，有效缓解了农业金融的高风险和低收益问题，有利于资金"下乡进村入户"。

第七章　数字时代中国农业供给结构重塑的支撑体系建构

本章从主体培育、设施建设、科技创新、制度环境等方面，提出数字时代中国农业供给结构重塑的推进对策与政策建议，为数字技术赋能中国农业供给结构优化的良性运行与目标实现建构基础支撑与制度保障。

第一节　加快农业供给结构数字化重塑的主体培育

农业供给结构数字化转型升级离不开主体的实施与推进。高素质农业供给主体具备数字经济思维与信息化技能，是数字技术赋能农业供给结构优化的必然要求，农业供给主体既包括农户、家庭农场、种养大户、涉农企业等农业生产经营主体，也包括农业供应链上的 ICT 企业、农民专业合作组织、农技推广服务机构、农业政务管理部门等。

进入 21 世纪以来，随着数字科技的发展和数字农业的蓬勃兴起，一批 ICT 农业企业、新农人迅速崛起，农民专业合作组织、农技推广服务机构、农业政务管理部门等数字化水平得以提升。但整体来看，目前具有数字经济思维、精通数字技术的农业供给主体明显不足，农业生产经营者数字化技能普遍低下，农业数字化服务和管理人才稀缺。因此，应营造良好的发展环境，建立多种方式并举的培育机制，畅通智力、技术下乡通道，着力培育壮大以新农人与 ICT 企业、农业龙头企业为骨干，以农户、专业大户、家庭农场、农民专业合作组织为主体，以农业科技人员与社会化服务体系为支撑，具备数字经济思维与数字化技能的高素质农业供给主体，推动农业供给结构向更高层次迈进。

一、催生壮大数字化农业企业和乡村新农人

ICT 企业、农业企业和新农人是农业供给结构数字化转型的引领性力量。要进一步优化生态发展，建立多种方式并举的培育机制，加强扶持与引导，为数字技术赋能农业供给结构优化培养排头兵和领头雁。

（一）大力培育数字化农业企业

在我国农业供给结构数字化转型重塑中，两类企业最具活力：一类是数量众多的农业龙头企业和新希望集团有限公司、袁隆平农业高科技股份有限公司等一批涉农知名企业，以其与农业的天然联系赢得一席之地。一类是 ICT 企业，以其雄厚的数字技术实力占据鳌头。近年来，网易"养猪"，京东"种菜"，华为"种地"，彻底颠覆了传统农业的做法，也颠覆了民众的认知。因此，要充分发挥这两类企业的排头兵作用，一方面，要以项目建设、财政补贴、低息贷款等为重点，扶持农业龙头企业加快数字化、网络化、智能化建设，依据自身优势和特点找到适合自身的数字化领域，在数字农业创新发展中培育具备数字经济思维和数字技术技能的农业企业家、管理者和生产经营者，带动农业供给结构转型升级；另一方面，要采取土地、金融、税收等支持政策，鼓励和引导一批有资源、有用户、了解农业行业的大型数字化设备制造商、平台运营商、通信服务商、金融机构等进入农业领域，大力发展精准农业、智慧农业、农业电子商务等，在引领农业供给结构优化升级的同时，提高农业生产经营者对数字技术的接受程度和接受能力，培育农业供给结构数字化重塑的产业大军。

（二）加快催生乡村新农人

新农人是指具备数字经济思维和发展理念，以数字技术为生产、服务工具的新型农业经营主体。新农人树立新理念，掌握新技术，融入新平台，选择新业态，为现代农业发展赋予新动能，成为我国农业供给结构数字化转型重塑的重要参与者和先行者。因此，要从金融支持、税费减免、乡村社会融入、土地经营权取得、配套设施建设等多方面入手，通过政策支持和营造良好发展环境，培育和催生一批怀揣"农业梦"的新农人到乡村服务"三农"，推动数字技术与农业生产、经营、管理、服务有效融

合，从而实现农业供给结构的优化升级。要出台相关的管理办法和优惠政策，如设立农业发展专项基金或乡村振兴专项基金、制定差异化的金融支持政策等，扶持具有网络信息、经营管理和市场营销等技术的大学生、退休人员、小微企业家等新农人到乡村围绕数字农业开展投资兴业，支持创办农业企业、电商平台、信息平台、合作组织等，带动种养大户、家庭农场主、合作社会员等成为拥有数字经济思维、掌握现代信息技术的市场主体。要以乡情乡愁为纽带，完善新乡贤吸纳与激励机制，扶持农村青年致富带头人、退役军人、返乡创业人员和农村个体经营户成为乡村电商创业带头人，鼓励其参与农资和农产品电商代理、产品营销、物流配送等，使其成为基础好、潜力大、成长快的农产品网络营销重点从业群体。支持依托"数字技术＋新媒体"向市场出售高质量的品牌农产品，发展农业新业态，鼓励将数字经济新技术、新理念应用于农业创业经营，从而为农业供给结构数字化转型升级注入引领性力量。

二、培养集聚农业数字化创新创业人才

农业科创人员、农技推广服务人员是数字农业创新发展的先导性力量，也是农业供给结构数字化重塑的重要主体。政府要加强统筹和引导，营造充满活力、富有效率、更加开放的发展环境，着力加快数字农业创新创业人才的培养与乡村流入集聚，为农业供给结构数字化转型升级培育造就先驱力量和生力军。

（一）推动农业专技人员成为中坚力量

积极利用国家、省、市各类农业科研人才计划项目，加快农业物联网、农业大数据与云计算、农产品电子商务等专业性人才队伍建设，培养造就数字农业创新领军人才、特殊人才和紧缺人才。在农业科技主管部门的年度科技攻关项目中增设专门的数字农业共性关键技术项目，实行"揭榜挂帅"和"赛马"制，加大经费支持，优化经费使用，依托各类科研项目和重大工程，带动数字农业专业技术人才的培养与队伍建设。进一步落实好科技成果使用权、处置权和收益权等科研体制改革政策，支持企事业单位采取科技成果作价入股、股权期权激励、收益分红等方式，奖励有突出贡献的数字农业科技人员，充分发挥技术专家、科技人员在数字科

技成果农业农村转移转化的能动性，使其成为农业供给结构数字化转型重塑的中坚力量。

（二）推动农业科创人员成为新生力量

建立健全高等院校、科研院所农业科技成果转移转化机制，健全以知识产权明晰为基础、以知识价值为导向的分配政策，支持科技领军人才、高技能人才、专业技术人才到农村开展数字技术与信息服务。建立专业技术人员到乡村离岗创业制度，支持高等院校、科研院所专业技术人员携带科研项目和科技成果离岗到农村创办数字化农业企业，在职称评定、工资福利、社会保障等方面与在岗人员拥有同等权益。进一步落实和完善融资贷款、税费减免、项目补助等政策，吸引和凝聚一批创客将数字经济新技术、新理念应用于农业领域。进一步营造有利于数字农业创新创业发展的良好环境，支持数字化农业科技企业孵化、"星创天地"建设，通过举办创客沙龙和论坛、搭建体验展示中心、开展创业培训、推出众筹项目等方式，培育造就一批农业供给结构数字化转型重塑的新生力量。

（三）推动农业服务组织成为重要力量

围绕农业供给结构数字化转型升级的需要，进一步加快农业社会化服务体系数字化素养和应用技能培训，提升农业社会化服务组织运用数字经济新思维、新技术改造传统农业的能力，在市场分析、生产决策、资源配置、上下协同等方面为农业供给主体提供网络化、精准化、智能化服务。创新农技推广机构管理机制，鼓励农技推广部门开展精准农业、智慧农业、电商农业等领域关键技术示范推广，支持农业科技服务市场主体开展农业生产经营租赁与托管、水肥一体化、病虫害监测防治、农机精准智能作业、农户信息化培训等服务。充分发挥收入分配的激励导向作用，鼓励农业科技推广人员为家庭农场、农民专业合作社、农业企业等提供数字技术增值服务并合理取酬，促使一批具有数字经济思维与数字技术的农业科技社会化服务人才脱颖而出，成为助推现代农业供给结构数字化转型重塑的重要力量。

三、着力提升农业经营者数字化技能

广大的小农户和种养大户、家庭农场、农民合作社、农业小微企业等是我国农业供给结构数字化重塑的主导力量。目前，我国农民受教育程度普遍较低，获取和利用信息意识不足，新型农业经营主体规模小，缺乏数字农业生产、经营、服务的知识与技能。因此，政府要做好顶层设计，加大投入，强化服务，着力培育农业供给结构数字化转型升级的主力军。

（一）尽快实施小农户数字化技能提升行动

小农户是我国农业经营最重要、最庞大的主体，其数字化基本素养和应用技能是农业供给结构数字化转型的关键。要尽快实施小农户数字技能提升行动，在大力开展农业发展需要的职业教育、科技培训和乡村科普活动，提高农业劳动力科学素质和职业技能的基础上，充分利用各级农业部门现有培训体系与渠道，广泛动员涉农企业、ICT 企业以及农合组织、农业科技社会化服务体系等积极参与，加快提升广大农户信息供给、传输和获取能力，开展以智慧农业、网络营销、数字金融等为主要内容的农民数字技术应用技能培训。进一步研发推介适合农业、农民应用的 App 软件和移动终端，提高广大农户利用智能手机获取农业市场信息、了解行业动态、学习农业知识与技能的能力。推动"12316"等各类农业信息服务网络平台的应用，建立数字农业技术服务制度，充分利用物联网、空间地理信息、移动互联网、大数据和云计算技术等，为农民提供精准、及时、高效的指导服务，培育提升我国农业供给结构数字化重塑的产业大军。

（二）加快提升新型农业经营主体数字化技能

政府要加大投入，建立公益性培训机构，或以优惠政策鼓励 ICT 企业为种养大户、家庭农场、农民专业合作社、农业协会等新型农业经营主体提供在线数字经济知识与技能培训，普及互联网和电商知识，搭建支持生产、提升技能、学习交流的平台，创造条件让新型农业经营主体获得知识与技能，起到示范效应。加快建设农业知识智能服务工程，打造面向农业生产、农民生活、农村政务、农业政策的知识智能服务平台，通过移动互联网、新媒体等渠道，以精准推送的方式，向新型农业经营主体提供能读、能听、能看、能互动的农业知识服务。创新发展农技推广服务平台，充分利用物联网、移动互联网、大数据和云计算技术等，为新型农业经营主体提供精准、实时的指导服务。积极发展"平台＋社群"的农技推广服务模式，充分利用"中国农技推广"App、微信群等数字技术手段，构建包括农业经营者、农业专家、农技员、农民合作社等在内的信息交流平台，推动各主体之间的多向、多元信息交流，进而更好地为新型农业经营主体提供生产、加工、流通、市场等方面的服务，并以"平台＋社群"模式催生农业生产、经营、服务等领域的新农人快速成长。

（三）大力提升新型职业农民数字化技能

创新新型职业农民培训模式，将物联网、大数据、电子商务等现代信息化元素注入新型职业农民培训课程，并在职业农民职称评定中设置数字经济知识与技能专项要求，推动新型职业农民数字化素养和应用技能的提升。进一步完善政策配套，创新培训体制机制，定期举办职业农民数字化培训班，将种养大户、家庭农场主、农业企业家、乡村能工巧匠等作为重点培训对象，对其进行包括数字技术生产装备运用、农业信息平台应用、电子商务基础知识、网络营销等方面的集中培训，大力推进现代信息与通信技术向农业生产、经营、管理、服务领域深度渗透。推动智慧农民云平台建设，鼓励和支持新型职业农民加快推进农业物联网测控体系、智能农机装备、水肥一体化、农机定位耕种，以及智慧农牧场、高可控设施园艺、农产品加工智能车间等数字技术应用场景建设，使精准农业、5G智慧农业等成为现实。

第二节　强化农业供给结构数字化重塑的设施建设

农业供给结构数字化转型升级离不开完善的基础设施支撑。乡村数字基础设施是实现数字技术与农业跨界融合、推动农业供给结构转型升级所需的硬件与软件的集合，通常指支持现代信息与通信技术在农业领域应用和农业数据信息资源开发利用的各类设备和装备。

进入21世纪以来，我国实施了"广播电视村村通""信息进村入户"

等一系列农村信息化基础设施建设重大工程，加大了农村光纤通信网络、移动通信基站、卫星接收设施以及"益农"基层信息服务站点的建设力度，乡镇互联网接入比例、行政村通电话的比例在 2010 年已达到了100%。[①] 截至 2021 年 5 月，我国行政村通光纤和通 4G 的比例均超过99%，贫困地区达到98%。[②] 国家农业数据中心与省级农业数据中心、农业科技数据分中心相继建立并逐步完善，"12316"三农综合信息服务中央平台投入运行。但现阶段我国农业农村信息化基础设施依然薄弱，互联网普及率尤其是接入能力还较低，加之目前宽带使用资费和数据流量收费标准偏高，降低了农户和新型农业经营主体利用互联网获取信息资源和经营交易的积极性。特别是5G、北斗导航、传感仪器设备、智能穿戴装备等新一代信息与通信基础设施建设滞后，同时物联网产品和设备普及率较低，农业数据采集与共享的配套技术落后，支撑电子商务发展的仓储、冷链物流等基础设施不足，支撑乡村数字金融的智能柜员机、自助银行、POS 机、助农取款点等在农村的布点不足，农业服务机构数字技术与设施水平低，这些成为农业供给结构数字化转型升级的突出短板。因此，应从农村网络化基础设施建设、农村新一代信息化基础设施建设、数字农业配套基础设施建设等方面着力，为数字技术赋能农业供给结构优化奠定基石。

一、升级农村网络化基础设施

在我国广大农村地区，特别是在边远、贫困和交通不便地区，目前还没有彻底解决信息传输网络、公共信息设备、信息服务场所等农村网络化基础设施建设"最后一公里"问题。即便是在一些已经实现"广播电视村村通"的乡村，由于运行维护经费不足、人才缺乏等，也在一定程度上出现了"返盲"现象。同时，由于目前的宽带使用资费和数据流量收费标准偏高，农村网络化基础设施建设虽然在一定程度上实现了"下乡

[①] 《"十一五"我国全面实现"村村通电话、乡乡能上网"》，见中国政府网（https://www.gov.cn/gzdt/2011 - 01/07/content_ 1779987. htm），2011 年 1 月 7 日。

[②] 《我国行政村通光纤和4G 比例均超99% 今年底未通宽带行政村将动态清零》，见中国政府网（http://www.gov.cn/xinwen/2021 - 05/18/content_ 5607586. htm），2021 年 5 月 18 日。

进村"，但往往没能"入户"。因此，要加大投入，进一步加快农村网络化基础设施建设，彻底解决农村信息化"最后一公里"问题。

（一）换代提速农村通信网络设施建设

推进农村重点区域 5G 网络建设，加快 5G 基站布局和商用项目开发。进一步推进"光进铜退"改造，提高网络传输和交换能力，提升网络效率和安全性能，打造低时延、高可靠、广覆盖的通信网络。推进城乡干线网络、基站等重要信息基础设施共建共享，促进网络、技术、业务、运营和管理互联互通，尽快实现城乡"同网同速"。

（二）加快发展农村传输网络设施建设

健全市场化运营机制，积极引导、鼓励支持电信运营商、平台企业、ICT 科技企业、金融机构等合力推进宽带、网络进村入户，到田间地头，针对农业生产、流通、管理、服务等领域的数字化应用场景和需求，提供高质量、高带宽的网络传输基础设施，为农业产业园区、家庭农场、专业大户、农业企业、农业社会化服务组织等采用在线视频传输、大数据在线采集、"3S"技术应用等数字化手段提升农业供给质量与效率提供支撑与保障。

（三）提升农村网络覆盖率和使用率

进一步推进"宽带中国"战略在农村地区的实施，推动自然村有线电视、移动宽带、光纤宽带网络建设，提高农村家庭宽带普及率和接入能力，推进宽带接入"户户通"和逐步实现移动光纤网络全覆盖。加快农村地区公共区域 WiFi 网络设施建设，实现村镇主要功能区域免费无线网络覆盖。进一步完善农村公用移动通信设施建设，实现手机信号超强、全覆盖。落实以宽带进村为重点的电信服务补偿机制，推动电信运营商在农村地区进一步提速降费，促进手机、电脑等移动终端在农村地区广泛使用。

二、建设农村新一代信息化基础设施

农业供给结构数字化转型的基础设施不仅仅是网络，而是"网络 +

云资源＋平台"的综合体，提供的服务也不仅仅是通信传输，而是实现人、机、物泛在互联，提供"通信＋资源＋信息应用"的综合服务。[①] 因此，应推动以移动互联网、云计算、大数据、物联网等为代表的农村新一代信息化基础设施建设，为农业供给结构数字化转型升级提供智能化的平台载体。

（一）加快农业大数据基础设施建设

加快解决以农业信息资源采集、存储分析、开发利用为核心内容的农村信息化建设"最初一公里"问题，为实现农业供给结构数字化转型升级提供支撑与保障。推进农业数据中心云化升级，提高存储资源、计算资源、应用支撑平台等利用效率。加强县、村"三农"数据采集、传输、共享基础设施建设，鼓励支持农业龙头企业与ICT企业、电商平台、金融机构等合作创新，建立"三农"数据资源库，或搭建数字农业综合云平台，提高农业数据资源的搜集、整合、开发和利用水平，推动区域涉农数据资源开放共享。

（二）加快智慧农业基础设施建设

加快推进设施农业、畜禽水产工厂化养殖、农产品储运等设施的智能化建设，构建基于5G网络的智慧农业物联网，加大土、肥、水、光、气等环境参数采集、自动开启或关闭等设备（如光纤传感器、电化学传感器和传感网络等）的普及与应用，加大集精准采集、在线监测、数据挖掘等技术与控制设备联动一体的农业信息化综合平台建设和应用。构建农产品质量安全追溯公共服务平台和全链条追溯监管平台，建立健全追溯制度、技术规范和标准体系，为打造智慧农业供应链提供平台与技术支撑。

（三）加快农业服务管理智能化基础设施建设

加快利用新一代信息与通信技术改造升级现有农业科技推广、教育培训、电子商务、金融服务、政务管理等重要信息系统，提高各类技术与信息服务平台、监测与管理平台的智能化水平。例如：建立和完善农业综合

---

① 李道亮：《互联网＋农业：农业供给侧改革必由之路》，电子工业出版社2017年版，第134页。

服务平台和农业政策法规、农村经济统计、农业科技与人才、农产品价格等数据库，推动农业信息资源社会开放与综合服务；构建农民职业培训虚拟网络教学系统，打造基于智能终端的在线课堂、互动课堂和认证考试的新型职业农民培训教育平台，推动农业经营主体文化科技素质和农业实用技能的提升；完善农业电子商务发展基础设施，加强网络、加工、包装、物流、冷链、仓储、支付等基础设施建设，推动农产品分级包装、物流配送、业务规范等标准体系建设；加大智能柜员机、自助银行、POS机、助农取款点等在农村的布局，推动金融机构以实体、数字等方式下沉金融服务。

三、完善数字农业配套基础设施

聚焦农村交通、水利、电力、仓储、市场等传统基建重点领域，加快补齐农业供给结构数字化转型的基础设施短板，改善农村交通不便、信息闭塞、缺电少水，以及农产品加工与贮藏设施、金融基础设施发展滞后的状况，为农业装备智能化、生产智慧化、流通电子化提供支撑。

（一）建设乡村交通运输网络

推进农业生产、生活交通体系同步规划、同步建设，在实现农村道路户户通的基础上，进一步推进农村道路、机耕道提档升级，加快构建内联外通、高效便捷的农村交通运输网络。

（二）升级农村能源保障设施

优化能源结构，加快发展太阳能、风能、地热能等清洁能源，因地制宜发展农村小水电，推进农作物秸秆等能源化利用。实施新一轮农村电网改造升级工程，积极推进农村电网智能化建设，实现配网故障的准确判别、自动隔离和网络自愈重构，提高农村电网输送能力，保障农村能源安全稳定。

（三）完善农田水利基础设施

进一步加强大中型水库、农田水利枢纽工程建设，加强山洪灾害、坡耕地水土流失综合治理和小流域水土流失治理。推进农业水利设施数字化改造，加快滴灌、微灌等节水灌溉和水肥一体化智能灌溉等水利基础设施建设，为数字农业发展提供良好的农田水利基础设施条件。

（四）加快建设物流配送设施

加强农村仓储、物流基础设施规划建设，进一步完善以农村物流枢纽站场为基础，以县、乡、村三级物流节点为支撑的农村物流基础设施网络体系，实现"网货下乡"和"农产品进城"的双向流通。在进一步健全农产品加工与贮藏设施、农贸市场等传统基础设施的基础上，补齐农产品分拨、包装、预冷等集配装备和分拨仓、前置仓等仓储设施短板。推动农村电子商务创业园和镇、村级电子商务综合服务站点建设，推动农资、农产品、休闲农业及乡村旅游电子商务等加快发展。

第三节　加速农业供给结构数字化重塑的科技创新

农业供给结构数字化重塑的过程，可以看作以实现农业供给适配消费需求为目标，以现代信息与通信技术引入为突破口，优化扩张农业生产力系统，变革农业技术—经济范式，产生新的生产方式、新的商业形态和新的生产部门，最终形成新的产业体系，实现农业供给结构高级化、合理化、低碳化的过程。显然，在这一过程中，现代信息技术成果与传统农业的跨界融合与应用创新是首要环节与基础前提。由此可见，科技创新是数字技术优化重塑农业供给结构的本质要求与根本驱动力。

"十二五"以来，随着现代信息与通信技术的迅猛发展和我国第一个全国农业农村信息化发展五年规划的出台，一批国家级、省部级农业信息技术重点实验室、企业重点实验室和科学观测实验站相继建成，一批农业物联网生命体感知、智能控制、大数据分析挖掘等核心关键技术相继攻克，并试点应用示范，农业数字化转型升级迈出了坚实的步伐。但目前我国数字农业发展的创新要素供给不足，创新体系远未完善，知识储备少，技术与系统集成度低，整体效能差，引领与支撑农业供给结构优化乏力。因此，应从创新体系建设、创新能力提升和成果转移转化入手，加大政策支持力度，引导科技资源与知识、技术、资本、人才等创新要素集聚，推动数字农业科技创新，为农业供给结构优化提供核心引擎和强大驱动力。

一、完善农业供给结构数字化重塑的创新体系

建立起多元化的投入机制与激励机制，制定并落实各类配套政策，充分发挥企业、高等院校、科研院所、科技服务组织在数字农业知识创新、技术创新与成果转移转化中的积极性与能动性，形成以数字化农业企业为主体，以市场为导向，政产学研用紧密结合，开放高效的农业供给结构数字化重塑的创新体系。

（一）推动企业成为农业供给结构数字化重塑的创新主体

促进企业研发加计扣除减免、企业研发财政奖补等普惠性科技创新政策在乡村和农业企业落地，加大地方财政科技支出和政府研发投入资金中支持数字化农业企业的比重，对参与农业供给结构优化的数字化农业企业，给予技术创新和基础设施建设投入奖补，减免其项目建设中水、电、气等生产生活成本。鼓励符合条件的ICT企业、农业龙头企业创建数字化农业企业，对通过认定的企业给予一定比例的税收减免，对精准农业、智慧农业、电商农业等品牌培育工作和政府统一组织的展示展销活动给予补助。引导社会资本投资初创期、种子期的数字化农业企业，推动数字化农业企业真正成为数字农业创新决策、研发投入、科技实施和成果应用的主体。

（二）加快建设农业供给结构数字化重塑的知识创新体系

高等院校作为知识创新和人才培养的主体，要积极跟踪现代信息与通信技术发展前沿，紧密结合农业供给结构数字化转型的发展需要，打破传统的院校专业设置，加快学科专业结构调整优化，前瞻性、战略性、针对性地设置数字技术与农业发展交叉融合的综合性学科专业，如农业电子商务、农业人工智能、农业数据科学、农业区块链金融等专业，为数字技术优化重塑农业供给结构做好人才储备。同时，要加快高等院校、科研院所等的科研体制改革，进一步优化环境，让具有高知识水平和创新能力的人才享有一定的社会地位和获得合理的智力收益，培育、壮大领军人才和创新团队，鼓励支持面向农业供给结构数字化转型升级的知识创新。

（三）推动形成农业供给结构数字化重塑的科技创新联盟

各级政府要统筹科技创新项目布局和资金安排，采取差异化的科技项目立项评审标准，对数字农业项目实施切块支持，依托各类科研项目和重大工程，带动形成农业供给结构数字化重塑的科技创新联盟。在国家、省科技重大专项、产学研结合专项等重大项目安排中，加大对数字农业项目的倾斜与支持力度，支持产学研联合攻关解决农业供给结构数字化转型的关键共性技术。落实好科技成果处置权和收益权等政策，鼓励支持高等院校、科研机构、新型研发机构等通过与企业合作研究、技术转让、作价入股等多种形式，转移转化数字农业科技成果。鼓励构建数字农业的科研虚拟协作网络，促进 ICT 企业、金融机构、高等院校、科研院所与新型农业经营主体紧密结合，实现我国农业供给结构数字化重塑的科技创新大联盟、大协作。

二、提升农业供给结构数字化重塑的创新能力

着力围绕农业供给结构数字化重塑的重大基础理论、前沿关键技术和特色实用技术，集聚各类创新要素，推进原始创新、集成创新和引进消化吸收再创新，为农业供给结构数字化转型升级提供科技支撑。

（一）加强重大基础理论研究

强化农业供给结构数字化重塑的科技创新源头供给，聚焦物联网、大数据、云计算、区块链、人工智能、"3S"等新一代信息与通信技术在农业生产、流通、管理、服务等环节中的创新应用，突破一批重大基础理论问题，抢占农业数字科学技术发展的制高点。特别是要围绕农业资源高效利用、农产品质量安全控制、农业大数据开发利用、农业人工智能技术、农业智能装备研制等战略性、前瞻性的重大科学和前沿技术问题，进行原始创新和联合攻关，实现重大科学突破，提升数字技术赋能农业供给结构优化的科技原始创新能力。

（二）加快关键核心技术研究

针对制约我国精准农业、智慧农业和农业电子商务、电子政务，以及

数字金融等发展中的重大瓶颈问题，尽快攻克一批共性关键技术与核心装备，突出加强农业传感器、动植物生长优化调控模型、典型害虫监测与分析系统、农业智能作业装备、农产品质量安全追溯云平台、大数据综合应用云平台、普惠金融云服务平台、智慧农民云平台等关键核心技术与装备的研究，形成一批重大科技成果，并研发相应的标准体系和配套技术体系，加快系统集成，促进农业应用。

（三）强化特色适用技术开发

重点围绕提升农业生产经营与管理服务水平，以及推动农村第一、第二、第三产业融合发展，研发特色、适用的数字农业新技术，催生形成数字农业新产品、新模式、新业态。例如：加快电子商务技术研发，推动农产品、农业生产资料、乡村旅游等产品与服务网上交易、电子交易；加快农业资源、业务数据的研发利用，研发农业农村大数据收集、整理、挖掘和云平台技术，为土地流转、农业托管、病虫防控、灌溉施肥、农机作业、市场行情收集、农业气象预测等提供技术和平台支撑。

三、加快农业供给结构数字化重塑的成果转化

以技术集成熟化、试点示范和推广应用为重点，聚焦农业供给结构数字化转型升级，全面提升数字农业创新成果在农业农村的转移转化能力。

（一）加快创新成果集成熟化

加速以物联网为代表的精细化、智能化农业生产技术的集成熟化与在"感知—传输—处理—控制"管控系统中的闭环应用，推广应用一批技术含量高、市场前景好的智能农业机械与装备，提高设施园艺、大田种植与禽畜、水产养殖等自动化、智能化水平。加速以农业大数据、云计算等为核心内容的农业信息化综合云平台建设，推动包括大数据采集、存储、分析、挖掘等在内的大数据技术、设备的转化与应用，提高农业生产、市场流通、资源配置、管理服务等领域的数字化、智慧化水平。加速推广应用一批低成本、轻简化的数字农业技术，推动农业电子商务商业模式和农产品智慧物流技术、农业数字金融商业模式与区块链技术的广泛应用，强有力地支撑农业供给质量、效率、竞争力的全面提升。

（二）加快创新成果试点示范

依托农业农村信息化示范基地、农业高新技术产业示范园区、现代农业示范园区、特色农产品优势区等，打造一批农业供给结构数字化转型的示范基地和园区，组织实施一批"5G＋智慧农业""北斗导航＋精准农机作业""大数据＋农产品质量安全追溯"等试点示范项目，推动精准农业、智慧农业技术在示范基地、园区转化落地和推广应用。加大农产品电子商务产业园、智慧物流园区建设，探索数字技术驱动农业供给结构转型发展的新路径，凝练总结可复制、可推广的技术模式，充分发挥示范基地、园区的引领作用，全面带动我国农业供给结构的数字化转型升级。

（三）加快创新成果推广应用

依托公共科技服务平台、专业技术服务平台和科技成果转化交易服务平台等，加快数字农业创新成果转移转化。鼓励国家、省级实验室、工程（技术）研究中心等各类创新平台，带项目到乡村开展数字农业成果推广与应用示范。支持低成本、便利化、全要素、开放式的众创空间、星创天地建立运行有序的众创众设等合作交流平台，推动线上线下相结合的数字农业科技创新与成果推广。加快"益农"信息社的发展和运营，健全部、省、地、县四级农业门户网站群，开展现代农业信息服务，推动农业资源、业务数据的开发利用与智慧农业、电子商务、共享农业等发展，推动农业数字金融、保险产品与服务创新。建立基于现代信息与通信技术的农业科技社会化服务组织，支持其依托互联网平台、智慧农业云平台、电子商务平台等开展科技成果应用推广，积极利用数字技术开展农业品种优选、病虫害防治、灌溉施肥、农机作业、产品营销等服务。

第四节　优化农业供给结构数字化重塑的制度环境

数字技术赋能农业供给结构转型升级是一趟长期而影响深远的变革之旅，离不开政府与社会的协同合力推进。良好的制度环境是数字技术优化重塑农业供给结构切实落地的生态基质与养料，不仅包括政策、法律、组织管理等正式制度及其实施机制，也包括社会文化、舆论氛围等非正式制度及其运作机制。

2018 年 1 月 2 日，《中共中央　国务院关于实施乡村振兴战略的意见》提出，要大力发展数字农业，实施数字乡村战略，推动农业数字化转型。[①] 2020 年 1 月 20 日，农业农村部、中央网络安全和信息化委员会办公室印发《数字农业农村发展规划（2019—2025 年）》[②]，进一步细化明确和谋划了新时期推进数字农业农村建设的总体思路、发展目标和重点任务，擘画了数字农业农村发展新蓝图。自此，新一代信息与通信技术对农业的渗透开始加速，新型农业经营主体乃至农户"数字化"热情高涨，农业大数据服务、农产品电子商务、定制农业、认养农业、云农场等新产业、新业态、新模式竞相涌现，引领农业生产方式、经营模式、要素配置创新与变革，提升了农业供给体系的质量与效率。但目前我国农业农村的数字化还处在初始起步阶段，农业供给侧结构性改革任重道远。因此，应围绕新一代信息化与农业现代化融合发展的新态势、新特征，加快制度设计，创新体制机制，为数字技术赋能农业供给结构优化培育良好的外部环境与发展生态。

一、营造精准有效的政策环境

发挥市场在资源配置中起决定性作用的同时，还应更好地发挥政府作用，前瞻性、针对性地构建起农业供给结构数字化转型的政策体系，强化规划引领，推动财税、金融等领域改革，加强产业政策的统筹管理、系统衔接和动态调整，为农业供给结构数字化转型升级提供更多的政策支持。

（一）做好顶层设计与规划落实

加快《数字农业农村发展规划（2019—2025 年）》落地落实，明确农业农村数字化建设的路线图、时间表和关键重点领域，加快大数据、云

---

① 《中共中央　国务院关于实施乡村振兴战略的意见》，见中华人民共和国农业农村部网（http://www.moa.gov.cn/ztzl/yhwj2018/spbd/201802/t20180205_6136480.htm），2018 年 2 月 5 日。

② 《农业农村部　中央网络安全和信息化委员会办公室关于印发〈数字农业农村发展规划（2019—2025 年）〉的通知》，见中华人民共和国农业农村部网（http://www.moa.gov.cn/govpublic/FZJHS/202001/t20200120_6336316.htm），2020 年 1 月 20 日。

计算技术与农业产业体系、生产体系、经营体系的融合，以数字化引领驱动农业供应链现代化。结合农业供给侧结构性改革任务的需要，进一步从国家层面总体部署数字农业的方略和行动计划，推动新一代信息与通信技术和农业生产、流通、管理、服务等全面深度融合，催发带动农业供应链质效水平的提升，为实现农业供给结构优化提供有力支撑。各省、市要在落实好国家层面战略部署和行动计划的同时，出台相应政策文件和实施细则，高度重视和大力支持数字农业农村的发展，加快农业农村数字化建设，并以此指导与推动农业供给结构的调整优化。

（二）出台数字农业发展支持政策

实施农业农村数字化重大工程，在有发展基础、有技术优势的区域优先布局建设精准农业、智慧农业等，从规划引导、项目安排、要素保障等方面给予支持和政策倾斜。探索建立数字农业产业发展专项资金和重大产业项目奖补资金，加大对农业物联网、电子商务、大数据、人工智能、互联网和农业供应链金融等领域的支持力度。加大数字农业发展用地支持力度，在确保耕地红线、符合国家相关政策和节约集约用地要求的前提下，利用"第三次全国国土调查"的契机，优化村级空间规划，适当调整、新增数字农业配套设施用地和数字农业新业态、新模式发展建设用地。

（三）深化财税、金融等政策改革

创新财政资金支持政策，按照总量持续增加、占比稳步提升的原则，逐步提升各级政府对农业物联网与农业大数据、农村电子商务与智慧物流、农业标准体系与质量安全体系等基础设施建设的投入，特别是要加大对农业农村云平台、农业农村大数据平台、智慧农民云平台等建设的投入。构建激励数字农业创新创业的财税支持政策，完善 R&D（科学研究与试验发展）经费投入、科技成果转化与技术交易等奖励和奖补措施，鼓励支持 ICT 企业涉农软件创新、技术攻关、产品研发和转化应用。部署精准农业、"5G＋智慧农业"等重点领域研发与示范计划，探索政府引导、市场主导的投入机制，采取政府购买服务、政府与社会资本合作、贷款贴息等方式，吸引社会力量广泛参与，积极引导社会资本、工商资本、金融资本投入。鼓励农业企业、合作组织等新型农业经营主体发展数字农业，给予其技术创新和基础设施建设投入奖补，对具有符合条件的数字农业专用设备和农业物联网设备等的企业按照相关规定给予补贴，针对企业实施的数字农业项目和综合信息服务、数字化技能培训等，在地方政府权限内，根据项目效果对所征增值税给予一定数额返还或奖励。

二、营造规范有序的治理环境

在农业供给结构数字化重塑的过程中，政府既是激励政策的设计者，也是规范约束参与主体行为规制的制定者。规范有序的治理体制与机制可以从制度、法规、监管等方面激励、约束主体行为，遏制各自为战、盲目发展和过度竞争，引导主体间通力合作、共同发力，形成多元参与、协同高效的发展格局。

（一）建立协同推进机制

构建农业部门协同相关部门联席工作机制，强化部门协同和上下联动。农业农村部统筹推进农业供给侧结构性改革与数字农业农村发展的相关工作，研究重大政策、重大问题和重点工作，建立相关规划实施和工作推进机制，加强政策衔接和工作协调，跟踪、督促各项规划、政策落实。各级农业农村主管部门要结合农业供给侧结构性改革实际，制定数字农业的相关规划实施方案和配套措施，明确责任主体，统筹推动政策、方案等落地。进一步健全农业农村信息化发展的管理体系，推进农业农村信息化领域"放管服"改革创新，简政放权，放管结合，优化服务，最大限度减少事前准入限制，为数字技术赋能农业供给结构优化营建良好的发展环境。

（二）建立依法治理机制

进一步建立健全数字经济法律法规，推动相关法律法规文件出台与修订，防范终端、平台、网络等安全风险，在依法推动数字经济规范有序健康发展的同时，为数字技术赋能农业供给结构优化提供法治保障。加快数字农业农村立法进程，研究制定农产品电子商务、众筹农业、乡村数字金融等各行业、各领域的管理办法，包容审慎做好与其他相关政策法规的衔接，为农业供给结构数字化转型升级营造规范适度的发展环境。推进数字农业标准化建设，鼓励高校院所、ICT 企业、行业组织、新农人等研究制定数字农业的建设标准和服务标准。建立健全农产品质量追溯、市场监测、协同监管等机制，加强信用体系建设，打击销售伪劣农产品等行为，规范农业行政执法行为，为我国农业供给结构数字化转型升级保驾护航。

（三）建立监测评价机制

建立数字农业农村发展水平监测评价机制，及时对《"十四五"全国农业农村信息化发展规划》和《数字农业农村发展规划（2019—2025年)》的实施效果进行中期监测与评估分析，及时总结可复制可推广的政策措施，提高政策调控的前瞻性和有效性。建立数字农业农村统计监测制度，巩固和提升现有信息化监测统计渠道效能，强调数字农业技术应用比例、农村互联网普及率、农产品网上零售率、"益农"村级信息服务站覆盖率等主要统计指标，坚持目标导向，强化过程管理。完善数字农业农村政策实施绩效评估和督促检查机制，综合运用第三方评估、社会监督评价等多种方式，科学评估政策实施效果，确保各项政策举措落实到位。

三、营造积极有为的社会环境

农业供给结构数字化转型升级是一项庞大的经济社会系统工程，不单需要政府积极作为，更要在全社会营造良好氛围，推动全民观念转变，激发起全社会的积极性，形成政府、市场、社会协同推进的强大合力。

（一）培育创新创业文化

充分认识发展数字农业对我国农业供给侧结构性改革的重大意义，增强发展数字农业的紧迫感和责任感，在全社会努力培植敢为人先、开拓创新的创新创业文化，积极推动数字农业大众创业，万众创新。建立有利于创新创业的价值观体系，在全社会塑造出一种鼓励创新、爱护人才、引导创业的社会文化，激发各类主体的活力和创造力，吸引各类资源要素集聚，推动社会各层面、市场各主体积极参与数字农业农村建设，持续推进农业供给结构的数字化转型升级。

（二）推动社会广泛参与

积极搭建农业供给结构数字化重塑的社会参与平台，不断完善社会公众参与机制，充分利用简报、网络、博览会、现场会等手段和方式，加强宣传展示，增强社会主体主动参与、积极作为的意识。创新建立"培育典型、示范带动、广泛参与"的推进模式，以新型农业经营主体、新农人、农业产业园区为主要示范对象，大力推进数字农业农村试点示范，发挥明星企业、典型企业和新农人的示范带动效应，提高农业经营主体及广大农户对数字农业的认可和接受程度，进而带动他们广泛积极参与。以现代农业示范区、乡村振兴示范区等为重要载体和平台，在种植业、畜牧业、渔业、农产品加工业、商贸物流业和信息综合服务等行业组织实施一批数字农业示范项目，挖掘发展中的先进典型，打造品牌，加大宣传力度，扩大社会影响，并通过典型示范，以点带面，辐射引导，全面推进农业供给结构数字化转型升级与创新发展。

（三）营造良好舆论环境

大力培育农业供给结构数字化转型升级的良好舆论环境，在研究制定数字农业农村发展战略和工作方案、统筹协调相关部门各司其职、狠抓落实的基础上，全面做好宣传推介和舆论引导工作。整合专家、媒体、信息平台等多方资源，在广大农村地区普及互联网、移动终端、电商知识，解读数字农业发展政策，宣传农业供给结构数字化转型升级的典型模式和先进经验，引导农村社会舆论，提高农民科学素养。创新宣传方式，丰富宣传手段，广泛通过传统媒体、新媒体、融媒体等多媒介宣传，在全社会倡导数字经济理念，倡导以网络购物、移动支付、线上线下融合的农产品消费新模式，推动形成农业主管部门与相关部门协调配合、政府与公众连心牵手共促农业供给结构数字化转型升级的良好格局。

第八章　结论与讨论

本章对研究得出的主要结论进行梳理和概括，并从理论、方法和内容等方面提出进一步研究的可能方向。

第一节　研究结论

新一轮科技革命带来了产业变革的重大机遇，数字经济成为不可阻挡的时代潮流，为新发展阶段新发展格局下我国农业供给侧结构性改革提供了新的契机。本书从数字技术与农业加速融合的视角，围绕数字时代中国农业供给结构重塑问题开展研究，得到以下结论。

第一，农业供给结构是一个多元素、多组合和多层次的关联性复合系统。一般而言，农业供给结构就是农业的产品结构，即一定时期内，生产者愿意并且能够提供的农业产品（初级产品、加工产品、服务产品）的数量组合比例与相互关系。而从系统关联的视角，农业供给结构又可分解为相互联系、相互作用的农业生产结构、农业市场结构和农业要素结构三个子系统。

第二，农业供给结构本身具有系统的复杂性、动态演化性和自组织特征，同时又具有开放性，其形成与演化既是农业自身内部系统的演进结果，又与外部作用紧密关联。从内在逻辑来看，源于农业分工的不断细化和产业链的不断延伸，农业供求的相对性和供给主体角色频繁转换，农业产品供给日益丰富扩展，进而使农业供给结构趋于复杂化、合理化和高级化。与此同时，同一系统内的生产结构、市场结构和要素结构各子系统之间的相互作用也会改变其演化路径，从而使农业供给结构的形成与演进呈现不同特征。除内生因素外，农业供给结构的演进还受消费需求、技术变革和制度安排等外生因素的影响。就农业而言，消费需求的变化是有规律可循的。因此，推进农业供给结构向合理化、高级化和生态化演进，关键是要依据消费需求变化趋势和市场竞争特点，推进技术变革与制度创新。

第三，从产品供求关系看，现阶段我国农业供给结构失衡表现为四大突出特征。①初级产品供求结构性矛盾凸显。从品种结构看，供不应求与供过于求矛盾并存；从品质结构看，"卖难""买难"现象普遍存在；从单一产品看，周期性的供过于求与供不应求交织出现。②加工产品、服务产品供给不足。特别是精深加工农产品增长缓慢、乡村旅游、创意农业等新兴产品发展滞后，农业科技推广、仓储物流、金融保险等生产性服务产品开发不足。③绿色产品、品牌产品供给短缺。特别是"二品一标"农产品供不应求，品牌农产品供给匮乏。④特色产品供给不足，产销空间错位。表现为区域生产结构趋同，特色农产品难以满足城乡居民食物消费多元化的需求，农业资源要素错配，农产品产销空间错位的现象普遍存在。

第四，我国农业供给结构的失衡与其内、外各系统的演进及相互作用息息相关。①信息传导不畅、宏观调控失灵引致农业生产结构演进的滞后性与稳态性，进而形成农产品供求结构性矛盾；②低市场集中度、非对称性的农业市场结构引致完全竞争和供应链梗阻，进而产生农产品供求困境；③以传统要素为主、技术扩散滞后的农业投入结构引致要素错配低效，进而导致农产品供求适配性差。由此，中国农业供给结构失衡的调整优化主要沿三个方向推进：①创新农业生产模式，优化农业生产结构；②整合农业供应链，变革农业市场结构；③提升全要素生产率，升级农业要素结构。通过农业生产结构的优化、农业市场结构的变革、农业要素结构的升级，最终使农产品供求关系在更高水平上实现新的平衡。

第五，数字技术为驱动解决我国农业供给结构失衡问题提供了现实可能。①作为一种先进的生产力，数字技术嵌入农业生产、经营、管理、服务等产业链各环节，与土地、劳动、资金、农机农具、化肥农药、种子种畜等资源要素和生产工具深度融合，为驱动农业供给结构优化提供基础条件与作用维度。②作为一种新兴的技术—经济范式，数字技术跨界农业，通过引入扁平化、网络化、去中心化和灵活快捷、开放协作的组织模式，连通市场、政府、企业及农户等各类主体，打通农业生产、经营、管理、服务等各个环节，推动信息交互、技术进步与制度变革，保障农业供给结构优化目标的顺利实现。而价值实现与创造的内生动力机制、需求—技术—制度耦合的外生动力机制、利益共享与风险共担的运行动力机制三者相互联系、相互作用，成为数字技术驱动农业供给结构优化的复合引擎与加速器。③数字技术驱动农业供给结构优化的作用方式与响应过程主要是：以"信息流""技术流"融通生产与消费，实现农业供求有效契合；以"电化""网化"重构农业供应链，实现农业市场绩效最优；以"精准""智能"优化调度农业投入，实现农业资源要素高效配置。

第六，农业数字化与农业供给结构优化之间存在显著且稳健的正向关系，农业数字化水平每提高 1 个单位，将促使农业供给结构优化水平提高 0.651 个单位。意味着农业数字化水平每提高 1 个单位标准差，大约可使农业供给结构优化水平提高 27.24 个（0.651×0.141/0.337）百分点。数字技术主要是通过促进农业生产结构优化和农业要素结构优化，促进整体农业供给结构的优化。其中，农业数字化水平每提高 1 个单位，将促使农业生产结构优化水平、农业要素结构优化水平分别提高 0.486 个单位和 0.904 个单位，相当于农业数字化水平每提高 1 个单位标准差，大约可使农业生产结构优化水平、农业要素结构优化水平分别提高 19.52 个（0.486×0.141/0.351）百分点和 41.79 个（0.904×0.141/0.305）百分点。由此可见，农业数字化水平的提高对农业要素结构优化水平的正向影响更为显著。

第七，数字时代，我国农业供给结构的调整优化可以通过农业生产结构、市场结构和要素结构的数字化重塑来实现。①数字时代的农业生产结构重塑，主要依托物联网、大数据、云计算、人工智能、"3S"等信息与通信技术，通过农业生产领域的数字化、智慧化、生态化改造来破解农业生产结构的稳态性和滞后性，包括大数据、云计算实现农业生产的科学决策与优化布局，精准农业、智慧农业实现农业生产绿色化与品牌化等，使供给更好地响应与匹配需求预期；②数字时代的农业市场结构重塑，主要依托数字技术网络化、平台化与开放共享、催化激励等特征与功能，通过农产品从生产者到消费者全程的"网化"和"电化"解构再造农业供应链来变革农业市场结构，包括电子商务实现"小农户"与"大市场"有机对接、平台战略实现农业供应链协同高效等，从而实现供给与消费的市场均衡、供给质量与效率的提升；③数字时代的农业要素结构重塑，主要依托数字技术信息传递"跨界、无损、前瞻"与技术扩散溢出性等特性与功能，推进现代要素对传统要素替代，全面激活和有效配置农业资源要素来提升农业要素投入结构，包括"土地网""耕地云"合理配置与高效利用农地资源，"互联网＋培训"培育与提升现代农业经营体系，数字金融、区块链化解农业融资难与征信难等，从而实现农产品总量与质量的同步提升、供给与需求的动态平衡。

第八，目前迫切需要从主体培育、设施建设、科技创新、制度环境等方面发力，为数字技术赋能中国农业供给结构优化的良性运行与目标实现提供基础支撑与制度保障。①加快农业供给结构数字化重塑的主体培育。从催生壮大数字化农业企业和乡村新农人、培养集聚农业数字化创新创业人才、着力提升农业经营者数字化技能等方面入手，加快培育以新农人和数字化农业企业为骨干，以农户、专业大户、家庭农场、农民合作组织、农业企业为主体，以农业科创人员与社会化服务体系为支撑，具备数字经济思维与数字化技能的高素质农产品供给主体，推动农业供给结构向更高层次迈进。②强化农业供给结构数字化重塑的设施建设。从升级农村网络化基础设施、建设农村新一代信息化基础设施、完善数字农业配套基础设施等方面着手，为数字技术优化重塑农业供给结构奠定基石。③加速农业供给结构数字化重塑的科技创新。从完善农业供给结构数字化重塑的创新体系、提升农业供给结构数字化重塑的创新能力、加快农业供给结构数字化重塑的成果转化入手，引导科技资源与知识、技术、资本、人才等创新要素集聚，推动数字农业科技创新，为农业供给结构数字化转型升级提供核心引擎和强大驱动力。④优化农业供给结构数字化重塑的制度环境。良好的制度环境不仅包括政策、法律、组织管理等正式制度及其实施机制，还包括社会文化、舆论氛围等非正式制度及其运作机制。要进一步加快制度设计，创新体制机制，从营造精准有效的政策环境、规范有序的治理环境、积极有为的社会环境等方面发力，为数字技术优化重塑农业供给结构注入更多的制度保障，培育良好的发展生态。

第二节　研究展望

受研究能力、研究时间、研究经费等条件的限制，本书尚存在一些缺陷与不足，未来还可以从以下三个方面进一步深化与拓展。

第一，本书在进行中国农业供给结构失衡分析时，仅以粮、棉、油、糖、肉、蛋、奶、水产品等部分初级农产品的供求结构为研究对象进行统计分析。未来可以尝试利用网络等实施大量的调研访谈和充分利用各类大数据平台资源来采集数据，采用系统动力学等方面的相关前沿技术，对更多农产品，包括加工产品和服务产品的供求结构进行可计算一般均衡（CGE）分析。

第二，在实证检验数字技术驱动农业供给结构优化的作用效应时，首先构建综合评价指标体系，利用熵值法对农业供给结构优化和农业数字化进行测算。在此基础上，采用固定效应的面板 Tobit 模型实证检验数字技术对农业供给结构优化的影响。但囿于农业供给结构、数字经济的复杂性和数据的可得性，目前仅选取平均每个乡镇绿色产品数、养殖业产值占比、种植业多样化指数、土地生产率、劳动生产率、化肥生产率、平均每个乡镇农民专业合作社数、经营耕地 50 亩及以上的农户比例、农业社会化服务 9 个指标来构建农业供给结构优化综合评价指标体系，选取农村互联网普及率、移动电话普及率、电商发展和数字普惠金融发展 4 个指标来构建农业数字化综合评价指标体系。未来可以对指标体系进一步丰富和完善，以期更加全面、客观地反映我国农业数字化和农业供给结构优化情况，提高实证研究的说服力。

第三，虽然本书探究并提出了数字时代我国农业生产结构、市场结构和要素结构的重塑战略与路径，但鉴于数字技术—经济的复杂性、技术性和工程性，其丰富的内容和潜在势能尚未充分发挥。同时，这些战略与路径总体来说仍然是一个大的框架，未来可以对其进行细化与深化，以提升研究成果的决策咨询价值，更好地指导我国农业发展实践。

后　　记

作为一名本科毕业于农业院校的经济研究工作者，我长期关注农业农村发展问题。1998 年，专著《区域现代农业发展问题研究》由中国农业出版社出版发行。2017 年，"'互联网＋'视角下中国农业供给结构失衡与优化研究"获国家社科基金一般项目立项资助，并于 2022 年 8 月结项。本书是我对农业农村发展问题研究的长期积累，也是国家社科基金项目"'互联网＋'视角下中国农业供给结构失衡与优化研究"的进一步拓展与深化。

在本书的前期研究过程中，湖南省社会科学院（湖南省人民政府发展研究中心）史常亮、周静、陈文锋、曾召友、肖琳子，以及中南林业科技大学徐美和长沙学院邓吉祥等课题组成员尽心付出，对他们研究成果的采纳集中于本书的第三章第四节和第五章、第六章的相关部分。本书的示图由湖南省社会科学院（湖南省人民政府发展研究中心）高立龙绘制，中山大学出版社熊锡源、陈芳编辑为本书的出版付出了辛勤劳动，本书也参考了国内外许多学者颇有见地的相关研究成果和分析方法，在此一并表示衷心感谢！

搁笔之际，深深地感到，尽管几经修改，不断优化结构和完善内容，但由于这一研究方向的前沿性、交叉性和复杂性，以及资料的不足与数据的缺乏，更鉴于我的能力所限，书中仍难免有疏漏、不足之处，希望各位专家、学者、读者批评指正。

谢瑾岚

2023 年 4 月于长沙德雅村